SHODENSHA
SHINSHO

クラシックを読む2

生きる喜び

百田尚樹

祥伝社新書

本書は、雑誌『一個人』『Ｖｏｉｃｅ』の連載をまとめた『至高の音楽――クラシック「永遠の名曲」の愉しみ方』『この名曲が凄すぎる――クラシック 劇的な旋律』『クラシック 天才たちの到達点』（いずれもＰＨＰ研究所刊）をテーマごとに再構成したうちの第2巻です（全三巻）。刊行にあたっては、新原稿を含む加筆・修正を行なっています。

はじめに

『クラシックを読む1』では、「愛の幻想」「エロス」「天才の狂気」をテーマに名曲を紹介しましたが、『クラシックを読む2』では、がらりと趣《おもむき》を変えて、「生きる喜び」をテーマに名曲を紹介していきたいと思います。

このテーマは私にとって凄《すご》く重要なものです。というのは、私は小説を書く時、いつも心がけているものがそれだからです。私の小説を読み終えた人が「生きる勇気」を持ってほしいと願って書いています。

私は、芸術とは「人生を肯定すべきもの」と思っています。苦悩や哀《かな》しみだけを描いたもの、あるいは悲惨さや不条理だけを描いたものは、高く評価しません。もちろんそうした芸術作品があるのを否定はしませんし、それらを必要とする社会があることも認めます。ただ私は、苦悩や悲惨さを描いても、それで終わってしまう作品はだめだと思っています。それらの苦悩を突き抜けて、人生を肯定する作品こそが偉大な作品と思っています。もっとも、そうした作品をなかなか書けないことが、私にとっての苦悩であり哀しみなのですが（笑）。

話を音楽に戻しましょう。

クラシック音楽には、まさに「生きる喜び」を謳《うた》い上げていると思われる名曲がいくつもあります。その音楽に身を浸《ひた》しているだけで、「喜び」や「癒《いや》し」や「リラクゼーション」といったものを感じさせるものです。

『クラシックを読む2』では、「人生賛歌」「自然・宇宙」「音の愉悦」「天上の音楽」をテーマに名曲を紹介します。

二〇二一年一〇月

百田尚樹

目次

はじめに 3

第一章 人生賛歌

ベートーヴェン「交響曲第三番《英雄》」 13
自らを鼓舞したい時に聴く曲

モーツァルト「フィガロの結婚」 25
モーツァルト曲の個人的ベストワン

ロッシーニ「序曲集」 35
実は、クラシック音楽界最大の天才

メンデルスゾーン「ヴァイオリン協奏曲」 43
ヴァイオリンでなければ表現できない世界

ベートーヴェン「交響曲第八番」 53
ついに判明した「不滅の恋人」、「第八番」との関連は？

モーツァルト「ホルン協奏曲第一番」 63
第二楽章を作曲したのは誰か？

【間奏曲】巨匠の時代 72

第二章 自然・宇宙

バッハ「平均律クラヴィーア曲集」 83
有名ピアニストたちが平伏《ひれふ》す、息子のための練習曲

バッハ「無伴奏チェロ組曲」 94
パブロ・カザルスが再発見した、チェロの名曲
ベートーヴェン「交響曲第六番《田園》」 104
生きていることに感謝したくなる、神がかった名曲
ブルックナー「交響曲第八番」 113
〝情けない男〟が作った、スケールの大きな曲
ヨハン・シュトラウス二世「美しき青きドナウ」 122
父と戦い、勝利した「ワルツ王」の代表作
モーツァルト「三大交響曲」 131
謎多き、最後に書いた三つの交響曲
【間奏曲】 クラシック音楽界の一発屋 141

第三章

音の愉悦

バッハ「ブランデンブルク協奏曲」 149
すべての楽器が主役！　バロック時代のジャズ
ベートーヴェン「ヴァイオリン協奏曲」 159
ベートーヴェン特有の「闘争」がまったくない、優美な曲
ヴィヴァルディ「四季」 169
一枚のレコードで、二〇〇年ぶりに火がついた
ジョプリンのラグタイム 179
映画『スティング』で復活した名曲群
ハイドン「交響曲第九四番《驚愕》」 188
一度聴けば好きになり、しかも飽きない曲
ベートーヴェン「弦楽四重奏曲第七番、八番、九番」 196
交響曲のような広がりを持ち、三曲で一つの世界を構成

【間奏曲】フルトヴェングラーの凄み 206

第四章

天上の音楽

モーツァルト「魔笛」 219
田舎芝居を人気オペラに変えた、極上の曲
ベートーヴェン「交響曲第九番《合唱付》」 229
あまりに有名な、狂気に満ちた傑作
バッハ「ゴルトベルク変奏曲」 239
不眠に効果あり!? バッハ鍵盤音楽の最高峰
シューベルト「交響曲第七番《未完成》」 249
未完として放置した理由を推理する

フォーレ「レクイエム」 259
ミサ曲でありながら、明るく優しい曲
ベートーヴェン「ピアノソナタ第三二番」 268
人類が残した、もっとも偉大な曲
バッハ「マタイ受難曲」 278
宗教音楽を超えた、普遍的な名曲

巻末付録——本書に登場する音楽家と楽曲 288

第一章

人生賛歌

人生の素晴らしさを描いた音楽はポップスにもロックにも演歌にもいくつもありますが、クラシック音楽にももちろんあります。ただクラシック音楽の場合、それを言葉に出して表現することはありません。そして作曲家自身が「人生賛歌をテーマにして書いた」と言うこともありません。

しかしその音楽を聴けば、そこにはまさしく「生きる喜び」「人生の素晴らしさ」がふんだんに描かれている曲がいくつもあります。この章では、そんな「人生賛歌」とも言うべき六つの名曲を紹介しましょう。

ベートーヴェン「交響曲第三番《英雄》」

自らを鼓舞したい時に聴く曲

凄まじい感動と共に、クラシック音楽にはまる

私にとって「人生賛歌」というテーマで真っ先に浮かぶのはルートヴィヒ・ヴァン・ベートーヴェン（一七七〇—一八二七）の「交響曲第三番《英雄（エロイカ）》」です。この曲の説明をする前に、私とこの曲との出会いをお話しさせてください。

私がクラシック音楽を真剣に聴き始めたのは昭和五〇（一九七五）年、大学に入学した一九歳の頃です。以来四〇年、ほぼ毎日のように聴いています。学生時代のアルバイト代のほとんどはLPレコードとコンサートチケットに変わりました。一九七五年当時レコードは新譜で二四〇〇～二六〇〇円、廉価版で一二〇〇～一五〇〇円くらいでした。学生バ

イトの時給が五〇〇円以下でしたから、新譜を買うには五時間以上働かなければなりません。令和の今はクラシック音楽の輸入盤CDはバナナの叩《たた》き売り状態で、五〇枚入り五〇〇〇円というのも珍しくありません。その昔、レコード屋で一時間も迷って買った同じ録音が一〇〇〇円ショップで売られているのを見ると、何とも言えない複雑な気持ちになります。

二〇〇六年に亡くなった父がクラシック音楽のファンでしたから、クラシック音楽は小さい頃からよく耳にはしていました。しかし中学時代はフォーク、高校時代はハードロックに夢中になっていた私はクラシック音楽を一度もいいと思ったことがありませんでした。二〇〇〇年も前の音楽をありがたがるのはおかしいのではないかとさえ思っていたくらいです。そんな私がクラシック音楽を聴くことになったのは、大学一回生の夏にアルバイトで稼いだ金《かね》でオーディオセットを購入して下宿に置いたことがきっかけです。実家に帰省した折、クラシック音楽も一つくらいダビングしてみようと一枚のレコードを手に取ったのですが、それがベートーヴェンの「交響曲第三番《エロイカ》」でした。

レコードのA面に第一、二楽章、B面に第三、四楽章が入っていたので、六〇分テープのA面とB面に同じ楽章を入れようとダビングを開始しました（そのレコードには録音時間が記されていなかった)。ところが第二楽章が終わる直前でテープが終わってしまいました。テープの冒頭を無駄に送りすぎたと反省して、もう一度挑戦しました。しかしまたもやあと数秒というところでテープが終わってしまいました。意地になった私は第一、二楽章の間の空白の時間にテープを一時停止して再度挑戦しました。しかし何ということか、またもや二秒ほど足りません。どうやらこの曲は最初の二つの楽章が長いらしいことがわかりました。

仕方なく九〇分テープの片面に全曲を入れようとテープを交換しました。ところが全曲は四五分にはわずかに収まりませんでした。それで九〇分テープのA面に第三楽章までを入れ、B面に終楽章を入れて、ようやくダビングを終了しました。

結局、《エロイカ》をカセットに入れるのに連続して五回も聴くはめになりました。ダビング中はソファに寝転がっていましたが、そのうちに暇《ひま》なのでライナーノーツを読んでみました。ライナーノーツというのは、レコードジャケットの裏に書いてある解説のことです。

クラシック音楽の楽曲説明を読むのは生まれてはじめてで、解説によると第一楽章はソナタ形式とありましたが、もちろんはじめて見る言葉で意味不明です。提示部がどうの展開部がどうの再現部がどうのという説明がありましたが、何のことやらちんぷんかんぷんです。ところがダビングの失敗で何度も同じ部分を聴くうちに、「ああ、これが展開部か。なるほどこれが再現部か」とおぼろげながらわかるようになってきました。最初はどこが頭やら尻尾《しっぽ》やらわからなかった曲が、繰り返し聴くことでだんだんと全体像が見えてきたのです。

そして――その時は不意に訪れました。それまで幾度聴いても何も感じなかった私の心に、突然、凄《すさ》まじい感動が舞い降りてきたのです。「何や、これは！」と思いました。雄渾《ゆうこん》な第一楽章、悲壮な第二楽章、来《きた》るべき戦いを予感させる第三楽章、そして激しい闘争と輝く未来を思わせる第四楽章。計五〇分近い曲が目の前に全貌を現したのです。

それまで霧の中に隠れていて何も見えなかった巨人が目の前に立っていました。私はその偉大な姿をただただ呆然と見つめているだけでした。これが、私がクラシック音楽に目覚めた瞬間でした。それまでもフォークやロックで感動したことは何度もありました。しかしベートーヴェンの感動は、そうした音楽で味わった感動とはまるで次元の違う、激しく、深いものでした。

それからは狂ったように家にあるベートーヴェンのレコードを聴きまくりました。最初の一回はほとんど感動しません。しかし繰り返し繰り返し聴くうちに、《エロイカ》の時と同じように、徐々に霧が晴れていき、ある瞬間、目の前に素晴らしい世界が広がるのです。

実はこの何度も繰り返して聴くということがクラシック音楽の一つの壁であり、ポイントなのです。歌謡曲やポップスは一曲が三分前後。しかも同じメロディーで歌詞が三番まであるから、正味のメロディーは一分前後です。つまり二、三回も聴けばほぼわかります。

それに対してクラシック音楽は長い曲が多い。交響曲や協奏曲、それにピアノソナタだと三〇分前後は当たり前。中には一時間を超える曲も珍しくありません。オペラなどは三時間以上はざらにあります。二回や三回聴いたくらいで全貌を摑《つか》むことはとてもできません。ダビング失敗というアクシデントで、五〇分もかかるベートーヴェンの《エロイカ》を連続して五回も聴いたことが、私をクラシック音楽の世界へ誘い込むきっかけとなったのです。その意味でも《エロイカ》は私にとって特別の曲です。

その時の演奏はヘルベルト・フォン・カラヤン指揮ベルリン・フィルハーモニー管弦楽団のもの（一九六二年録音）。今、私の手元に《エロイカ》のCDは一〇〇種類以上ありますが、このカラヤンの盤には今も愛着があります。

《エロイカ》はベートーヴェンにとっても特別な曲でした。晩年、「交響曲第九番《合唱付》」を作る直前、ある人に「これまで作った曲の中で一番素晴らしい交響曲は?」と訊《き》かれて、ベートーヴェンは「《エロイカ》です」と答えています。質問した人は「第五番《運命》ではないのですか?」と訊き直したところ、ベートーヴェンは「いいえ違います。《エロイカ》です!」とはっきり答えたといいます。私の好きな逸話です。

ベートーヴェンの魅力のすべてが含まれている

確かに音楽的な完成度や厳しさ、それに存在感は《運命》が上回ります。しかし《エロイカ》には《運命》よりも雄大な広がりがあります。また《運命》にはない優しさ、温《あたた》かさがあります。それでいて《運命》に匹敵するほどの激しさ、強さもあります。

ですがベートーヴェンが《エロイカ》を何よりも愛したのは、それだけが理由ではないように思います。彼は三一歳の時に難聴の苦しみに絶望して死を考えました。そして有名な「ハイリゲンシュタットの遺書」を書きます。死後に発見されたこの書には苦悩と絶望が綴《つづ》られていますが、けっして人生に別れを告げる文ではありません。そこには厳しい運命に立ち向かう悲壮な決意が記されています。

この曲は全編にわたって「生きることを肯定」しています。まさに「人生賛歌」そのものの交響曲なのです。

「ハイリゲンシュタットの遺書」を認《したた》めたあと、ベートーヴェンの音楽は一変します。それまでハイドン、モーツァルトの流れを汲《く》み、力強くはありながらも、優美でセンチメンタルな面もあった作曲家が、突如として激しい怒りに満ちた音楽を書くようになったのです。音楽がまるで哲学や文学のように弁証法的発展を遂げ、深い精神性まで内包するようになりました。その最初の代表的な曲が作品（作品番号）55の《エロイカ》です。

《エロイカ》は交響曲としても画期的《かっきてき》でした。それまで交響曲というのはせいぜい二〇分か三〇分程度のもので、しかもコンサートでは各楽章をばらばらに演奏されることさえありました。ところが《エロイカ》は第一楽章だけで（ダ・カーポ［繰り返し］を入れると）約二〇分、第二楽章も一五分以上はかかり、全曲演奏すると一時間近くに及びます。おそらく当時の聴衆の度肝《どぎも》を抜いたことでしょう。第二楽章に「葬送行進曲」を入れたのもはじめての試みでしたし、第三楽章がそれまでの通例だった優雅なメヌエット（三拍子の舞曲）ではなく激しいスケルツォ（三拍子の諧謔曲《かいぎゃくきょく》）なのも珍しい。そして終楽章は巨大な変奏曲で締めくくられます。すべてが斬新としか言いようがない凄まじい曲です。

この曲以後、ベートーヴェンは、運命と激しい闘争を繰り広げて勝利するという、まるでドラマのような曲を次々と生み出していきます。これ以降の一〇年の間に生み出された名作群を、フランスの文豪ロマン・ロランは「傑作の森」と呼びました。まさに《エロイカ》こそ、ベートーヴェンが真に偉大な芸術家となるべく第一歩を記した記念碑的な交響曲です。ちなみにロマン・ロランの傑作『ジャン・クリストフ』はベートーヴェンをモデルにした小説です。

《エロイカ》がナポレオンに捧《ささ》げようとして作曲されたのはよく知られています。この曲が作られる一五年前、フランス革命が起こってヨーロッパではじめての共和国が誕生しました。近隣の王国は革命の波が及ぶことを恐れ、連合軍を組織してフランスの共和政府を潰《つぶ》そうとしました。それに立ち向かったのがナポレオンです。彼はフランス軍を率いて連合軍を撃破してフランスを守り抜きました。オーストリアの首都ヴィーンに住んでいたベートーヴェンは、祖国の敵であるナポレオンを尊敬し、音楽で彼の偉大さを称《たた》えようとしました。しかし完成直後、ナポレオンが皇帝になったというニュースが飛び込んできました。共和国の守り神であったはずの男が皇帝になったことに失望したベートーヴェンは、

ベートーヴェン「交響曲第3番《エロイカ》」総譜表紙

（ヴィーン楽友協会蔵）

「ボナパルトに捧ぐ」と書かれた文字をペンでぐしゃぐしゃに消し、代わりに「ある英雄の思い出に」と書き、イタリア語で「シンフォニア・エロイカ」と記しました。余談ですが「エロイカ」という言葉は「英雄的な」を意味する「エロイコ」の女性形です。これはシンフォニアが女性名詞であることから語尾変化したものです（音楽においては女性形にするという慣習がある）。今日《こんにち》、この曲が《英雄》と呼ばれるのはそのためです。ちなみに、自筆譜の表紙は現存していて、ベートーヴェンがペンで書き消した部分の紙が破れています（上の写真）。いかに彼の怒りが激しかったかが想像できます。

《エロイカ》にはベートーヴェンのすべてが含まれていると言っても過言ではありません。理想、夢、闘争心、悲しみ、愛情、そして芸術というものに対する絶対的な尊敬がここにあります。

私は今でも自《みずか》らを奮《ふる》い立たせたいと思う時には、《エロイカ》をかけます。この曲を聴けば、芸術家としてどう生きるべきかをベートーヴェンに教えられる気がするからです。そして、渾身の作品に取りかかる時もまた《エロイカ》を聴きます。『海賊とよばれた男』(講談社文庫)のクライマックスである「日章丸事件」を書いている時には、仕事場のスピーカーからはずっとこの曲が流れていました。

死を覚悟した録音

《エロイカ》の名盤は多い。私の愛聴盤はヴィルヘルム・フルトヴェングラーが第二次世界大戦中にヴィーン・フィルハーモニー管弦楽団を指揮した演奏です。

フルトヴェングラーはナチスと敵対しながらもドイツに踏みとどまり、自らの命を賭《と》して、国民に音楽を通して勇気を与え続けた偉大な指揮者ですが、この演奏はドイツの敗色がもはや決定的となっていた一九四四年の一二月に行なわれたものです。おそらくラジオ放送のために録音された聴衆なしのスタジオライブですが、ここに繰り広げられている演奏は「凄絶」としか言いようがない悲劇的な響《ひび》きに満ちています。当時はヴィーンも連日にわたって空襲され、演奏家たちもいつ死ぬかわからない状況下に置かれていました。今まさに滅《ほろ》びゆこうとしている祖国を前にして、この演奏が生涯最後の演奏となるかもしれないという中で、フルトヴェングラーとヴィーン・フィルの団員たちが悲痛な覚悟で演奏しているのが聴き取れます。

フルトヴェングラーは戦後、同じヴィーン・フィルを指揮してスタジオ録音（一九五二年）しています。一九四四年盤に見える悲壮感はありませんが、明るい響きを持つ気宇壮大な演奏です。この演奏も素晴らしい。

他にもエフゲニー・ムラヴィンスキー指揮レニングラード・フィルハーモニー管弦楽団（一九六八年）、アルトゥーロ・トスカニーニ指揮NBC交響楽団（一九五三年）のライブ演奏も見事です。ただし前出のフルトヴェングラー盤を含めてこれらはすべてモノラルで、しかも音が悪く、同時にすべて厳しすぎる演奏なので、はじめて《エロイカ》を聴くという人にはお薦《すす》めしにくいものでもあります。

はじめてこの曲を聴く方には、ステレオ録音のゲオルク・ショルティ指揮シカゴ交響楽団がいいでしょう。「これぞ《エロイカ》！」と言いたくなるようなスケールの大きな演奏です。朝比奈隆《あさひなたかし》の各種ある演奏も懐《ふところ》が大きい。最近ではクリスティアン・ティーレマン指揮ヴィーン・フィルハーモニー管弦楽団の演奏が素晴らしい。

流行のピリオド楽器（作曲当時の楽器）による演奏なら、ジョルディ・サヴァール指揮ル・コンセール・デ・ナシオンの演奏を第一に推《お》します。きびきびとした小気味いいテンポで進むこの演奏を聞くと、ベートーヴェンが生きていた当時、はじめてこの曲を耳にした聴衆の衝撃が想像できるような気がします。

最後になりましたが、一九歳の私にベートーヴェンの魅力を教えてくれたヘルベルト・フォン・カラヤンが指揮するベルリン・フィルハーモニー管弦楽団の演奏（一九六二年録音）も名演です。個人的には一〇種類近くあるカラヤンの《エロイカ》の中で一番のお気に入りです。

モーツァルト「フィガロの結婚」

モーツァルト曲の個人的ベストワン

「初夜権」の行使を迫る

ヴォルフガング・アマデウス・モーツァルト（一七五六―九一）は、三五年の短い生涯で六〇〇以上の曲を書きました。傑作、名曲が目白押しで、そこからベスト五〇曲を選び出すのも至難の業《わざ》です。しかし、もしただ一曲を選べと言われれば、私なら歌劇「フィガロの結婚」を選びます。

「フィガロの結婚」こそは、もっともモーツァルトらしさが詰まっている曲だと思うからです。愉悦、悲しみ、切《せつ》なさ、そして救済――。ここには彼の魅力がすべて入っていると言っても過言ではありません。

原作はフランスの劇作家カロン・ド・ボーマルシェの戯曲（芝居）です。この原作はいわくつきのもので、フランス革命を引き起こした遠因の一つとも言われています。というのは、この戯曲は一八世紀の貴族の横暴さと階級制度を批判しているからです。オペラの初演は一七八六年ですが、その前からテキストは多くの人々の目に触れ、ヨーロッパの知識人の間で評判になっていまし。モーツァルトがこれをオペラにしようと考えたのは、初演の一年前の一七八五年と言いますから、彼もテキストを読んでいた一人だったのです。

しかしこの戯曲のオペラ化は実は相当困難でした。なぜなら、保守的なヴィーンでは「フィガロの結婚」は上演禁止だったからです。モーツァルトと台本作家ロレンツォ・ダ・ポンテ（「ドン・ジョヴァンニ」「コジ・ファン・トゥッテ」も同じコンビのオペラである）は、貴族や階級制度の批判の部分を削《けず》って、人情劇にシフトするということで、上演を勝ち取りました。しかし実際にオペラを見れば、貴族批判も階級制度批判もきっちりと残っています。

オペラの台本制作にはモーツァルトの意見やアイデアが相当入っていると見て間違いありません。それは音楽を聴けばわかります。登場人物のセリフと音楽が絶妙にマッチしているのです。他の作曲家のオペラを聴いていると、ストーリーと音楽があまり合っていないと思われる部分がたまにあります。これは作曲家が台本を読み取れていないことが原因ですが、台本作家が音楽のことをよくわかっていないで書いたという面もあります。しかし「フィガロの結婚」には台本と音楽の齟齬《そご》は微塵《みじん》もありません。すべてのセリフと歌詞と音楽が天衣無縫《てんいむほう》と言えるほどの完璧さで流れていくのです。

たとえば第三幕では壮大な六重唱が繰り広げられますが、このシーンの緊迫感と迫力は凄いとしか言いようがありません。これはモーツァルトの音楽があってはじめて可能な部分です。台本だけを読めば、この部分の面白さと息詰まる迫力は伝わってきません。

「フィガロの結婚」にはこういうシーンが山ほどあります。普通の演劇では、反目し合う登場人物たちが対立する場面などで、二人以上が同時に喋《しゃべ》ると、観客はまるでセリフを聞き取れませんが、オペラでは「歌詞の繰り返し」を巧《たく》みに使い、二重唱や三重唱になっても、登場人物たちのセリフが観客に伝わるのです。これが音楽の力であり、オペラならではの魅力です。つまりそのシーンの展開とセリフ（歌詞）は、モーツァルトのアイデアなしには生まれないのです。

登場人物も非常に魅力的です。主人公はアルマヴィーヴァ伯爵に仕える下僕のフィガロですが、彼を取り巻く脇役たちも主人公と同じくらい存在感があります。というのは、モーツァルトが彼らに素晴らしい音楽をつけて、またキャラクターごとに見事に色分けしているからです。

物語はフィガロと許嫁《いいなずけ》のスザンナが新居の間取りを測《はか》っているところから始まります。この日は二人の婚礼の日ですが、スザンナは悩みを抱えています。それは彼女の主人でもあるアルマヴィーヴァ伯爵が「初夜権」を行使しようとしているからです。「初夜権」とは中世のヨーロッパの貴族の特権の一つで、自分の召使《めしつか》いの女性の新婚初夜の権利を持つというめちゃくちゃなものです。若い時には聡明な男だったアルマヴィーヴァ伯爵は何年も前にそれを廃止していたのですが、中年になって好色になり、愛らしいスザンナに心奪われて、これを復活させて彼女の処女を奪おうと目論《もくろ》んでいたのです。

モーツァルトが原作に惹《ひ》かれたのは、実はこのエロティックな題材があったからではないかと私は想像しています。彼は「ドン・ジョヴァンニ」でも、女性をものにするのを生きがいにしている色事師を主人公にしていますし、彼のもう一つの代表的オペラである「コジ・ファン・トゥッテ」のテーマも女性の浮気です。モーツァルト自身がかなり女性好きだったし、彼自身もまた浮気な妻に悩まされてもいます。彼の中では、女性の貞操というのは、かなり深いテーマだったのではないかと思います。

二つのセリフと歌ですべてを表現

さて、こうして説明していると、読者の皆さんはアルマヴィーヴァ伯爵はどうしようもない悪役と思われるでしょう。確かに好色で横暴で鼻持ちならない中年男なのですが、オペラを聴けば（観《み》れば）、まるで憎めないのです。というのはモーツァルトが彼にも素晴らしい音楽を与えているからです。

第三幕で、スザンナが伯爵に「抱かれる」約束をするシーン（二重唱）があります。実はこれは伯爵を騙《だま》してとっちめるための嘘の約束なのですが、スザンナの言葉を聞いた伯爵は心の底から喜びます。

「ひどいぞ、どうして今まで、焦《じ》らしていたのだ」と、嬉しさを抑《おさ》えきれずにスザンナを責める伯爵の何とかわいらしいことでしょう。まるで初恋が実った少年のようです。この二重唱には、好色でいやらしい中年男はどこにもありません。むしろ、伯爵に対して「女は『はい』と言うのに時間がかかるものですわ」と答えるスザンナのほうがまるでやり手のホステスのように見えてしまいます。また「嘘をついてごめんなさい、愛を目論むお殿様」とモノローグで呟《つぶや》くあたりは、女性の優しさと残酷さが表れています。そのあたりの二人の心情もモーツァルトは見事に表現しています。こういう音楽は男と女のことを知り尽くしていないと書けません。

第三幕で歌われる伯爵夫人とスザンナの二重唱も忘れられない名曲です。これは浮気な夫を懲《こ》らしめるために夫人がスザンナにラブレターを書かせるシーンですが、甘い言葉を二人のソプラノが歌う声の何という魅惑的なことでしょう。ちなみに『ショーシャンクの空に』という名作映画がありますが、この中で、無実の罪で刑務所に入れられている主人公が放送室のマイクを使って刑務所内にオペラを流すシーンがあります。そこに流れるのがこの二重唱です。映画の中の狂言回しであるレッドがその歌を聴いて「美しい鳥が訪れて塀を消すかのようだった」と呟きます。スティーヴン・キングの原作（『刑務所のリタ・ヘイワース』）にはないエピソードですが、心に残る名シーンです。

このオペラには脇役としてケルビーノという少年が登場するのですが、彼はスザンナに恋したかと思うと、伯爵夫人に憧《あこが》れるといった分別のない少年です。オペラの中で彼は二曲のアリアを歌います（メゾソプラノ歌手が歌う）。一曲目は速いテンポで音が跳躍し、思春期の危《あや》うさを表現した歌ですが、もう一曲は打って変わってゆっくりしたテンポで純情さを表現した歌となっています。まさに対照的な二つの歌で、性と恋の狭間《はざま》に翻弄される少年の二面性を描いています。この二曲を聴くだけで、モーツァルトがどれほどの天才であったかがわかります。

さて終幕（第四幕）では、スザンナに化けた伯爵夫人が夜の庭で伯爵と逢引きするのですが、その現場を、二人が入れ替わったことを知らないフィガロが見つけてしまう。愛する女性に裏切られたと思ったフィガロの絶望に沈む歌は、聴く者の心を打ちます。実は観客はスザンナではないと知っているのですが、それでもこのフィガロの絶望は歌を通して伝わってきます。

フィガロは復讐するために二人を追おうとしますが、それを伯爵夫人に化けたスザンナが止めます。フィガロは彼女に、妻と伯爵が浮気していると訴えますが、夫人（実はスザンナ）は「落ち着きなさい」と言います。その声でスザンナと気づいたフィガロはすべてを察しますが、今度は騙されたふりをして、「実は私は前から奥様をお慕《した》いしておりました」と愛を告白します。スザンナは頭にきますが、夫人のふりをしながら適当にあしらいます。しかしフィガロの熱烈な口説き言葉に、ついに逆上してフィガロの顔に平手打ちをします。フィガロは打たれながら、スザンナの愛の強さを感じて喜びに震《ふる》えます。この二重唱の素晴らしさはどう形容していいかわかりません。もはやドタバタ喜劇ではありません。まさしく愛のドラマです。

仲直りした二人は愛を確かめるために納屋《なや》に入りますが、今度はそれを伯爵が目にします。伯爵は庭の中でスザンナ（実は伯爵夫人）とはぐれて彷徨《さまよ》っていたのです。自分の妻が下僕と浮気したと思った伯爵は「許さん！」と納屋からフィガロを引きずり出します。騒ぎを聞きつけて現れた一同が「許してあげてください」と頼みますが、伯爵は「絶対に許さん！」と声を荒《あら》らげます。そこへスザンナに化けた伯爵夫人が現れ、「私がお願いしても駄目でしょうか」と言って、変装のヴェールを取ります。

妻の顔を見てすべてを悟った伯爵は、深い悔悟《かいご》の念に打たれて、静かに歌います。

「妻よ、許してくれ」

それを受けて夫人も静かに歌います。

「私は『はい』と言いますわ」

この突然の悔悟と許しは、演劇でも小説でも表現不可能なシーンです。たった二つのセリフだけで、この劇的なクライマックスを描くことはできないからです。

ところが、音楽はそれを可能にします。それまでの緊迫した音楽ががらりと変わり、ゆるやかなテンポで静かに歌う伯爵の歌を聴けば、観客の誰もが彼の心からの悔《く》いを感じます。そしてそれを受けて歌う敬虔《けいけん》な響きに満ちた夫人の歌に、観客は魂《たましい》の救済を見ます。それに続く静かな合唱の何という素晴らしさ！　この場面の音楽は神がかっていると言っても過言ではありません。私は大袈裟《おおげさ》でも何でもなく、ここに最高級の宗教音楽を聴きます。モーツァルトの書いた最上の音楽の一つです。

ヘルマン・プライの見事な歌唱力

「フィガロの結婚」の名盤は多い。エーリヒ・クライバー指揮ヴィーン・フィルハーモニー管弦楽団他の演奏は古典的名演。テンポは比較的速めですが、歌手に存分に歌わせた古き良きヴィーンの香りを漂《ただよ》わせた演奏です。

カール・ベーム指揮ベルリン・ドイツ・オペラ管弦楽団他の演奏も素晴らしい。フィガロ役で有名だったヘルマン・プライが見事なフィガロを聴かせてくれます。アルマヴィーヴァ伯爵を歌っているディートリヒ・フィッシャー＝ディースカウも文句なしです。他の歌手も充実しています。

オトマール・スウィトナー指揮ドレスデン国立歌劇場管弦楽団他の演奏もいい。ここではプライがアルマヴィーヴァ伯爵を歌っています。スウィトナーの指揮はきびきびとして聴いていて気持ちがいい。

推薦盤として挙げるのはためらわれますが、ヴィルヘルム・フルトヴェングラーが一九五三年にザルツブルク音楽祭においてヴィーン・フィルハーモニー管弦楽団を指揮したライブ録音は私のお気に入りです。重厚なテンポでモーツァルトらしくないと思われている演奏ですが、私は人間を鋭《するど》く抉《えぐ》った名演だと思っています。この演奏はもはやコメディを超えています。ちなみにイタリア語ではなくドイツ語で歌われていますが、何の違和感もありません。

ロッシーニ「序曲集」

実は、クラシック音楽界最大の天才

暗さが微塵もない

ジョアキーノ・ロッシーニ（一七九二―一八六八）の音楽を聴くと、私はいつも「人生を謳歌する喜び」を感じます。

彼の音楽を聴くと、まさしく真夏の才気が奔流のように迸《ほとばし》るのを感じます。そこにはシャンパンが弾《はじ》けるようなみずみずしさがあり、太陽の光が燦々《さんさん》と降り注ぐような眩《まばゆ》さがあり、美しい花が咲き乱れるような華麗さがあります。全体に流れるような「歌」があり、速い部分では沸《わ》き立つような高揚感が得られます。かと思えばロマンティックな部分では泣きたくなるほどの切なさを味わえるし、盛り上がるところでは凄まじい迫力に圧倒

されます。まさに音楽の魅力をすべて持っていると言っても過言ではありません。

しかしクラシックマニアの間ではロッシーニの評価は高くありません。その理由はわかる気がします。というのは才能に任《まか》せて書き殴《なぐ》ったように見える曲が多いからです。彼のもっとも有名なオペラ「セヴィリアの理髪師」は、何と一三日間で書き上げられました。このオペラの上演時間は三時間もあり、作曲家は全オーケストラの楽譜のみならず、アリア、二重唱、三重唱、合唱なども書かねばならないことを考えると、これは驚異的な速さです。しかも大変な傑作です。よほど才能に溢《あふ》れていなければ不可能なことです。彼はこの筆の速さで二〇年足らずの間に四〇曲のオペラを書いています。しかしいっぽうで自作の使い回しも平気でやる杜撰《ずさん》な男でもありました。また非常に怠《なま》け者であったと伝えられています。

さきほど、彼の音楽にはすべてがあると言いましたが、実はただ一つないものがあります。それは「深刻さ」です。切ない部分はありますがけっして悲しくはなく、悲劇的に見えても本当の「暗さ」や「怖さ」はありません。同時期に同じヴィーンで活躍したベートーヴェン（年齢はロッシーニが二二歳若い）の曲にある、深い精神性のようなものはロッシーニからは感じることができません。なぜなら彼の音楽はあまりにも優美で軽いからです。季節に喩《たと》えると、四季がなくいつも夏、というイメージです。だからといって彼を低く評価するのは間違いだと思います。クラシック音楽は何も「深刻」で「真面目《まじめ》」で「陰翳《いんえい》」がなければならない理由はありません。常夏《とこなつ》の音楽があってもいい。

ロッシーニは二〇歳そこそこで大人気作曲家となりました。オペラはどれも大当たりし、金銭的にも大いに潤《うるお》いました。パリを訪れた時も、聴衆は熱狂し、かの文豪スタンダールは「ナポレオンは死んだが、また別の男が出現して、モスクワでもナポリでも、ロンドンでもウィーンでも、パリでもカルカッタでも、連日話題になっている」と書いています(スタンダール著、山辺雅彦訳『ロッシーニ伝』みすず書房)。

映画、テレビでも使われる超有名曲

さて前置きが長くなりましたが、今回、私が紹介したいのはロッシーニの「序曲集」です。彼の代表的なオペラの序曲が入ったCDは何枚も出ていますが、これらは私の愛聴盤です。CDによって収録曲は若干《じゃっかん》違っていますが、「セヴィリアの理髪師」「ウィリアム(ギョーム)・テル」「どろぼうかささぎ」といった超人気曲はたいてい入っています。

クラシック音楽をあまり聴いたことがない人でも、ロッシーニの「序曲集」を聴けば、その魅力の虜《とりこ》になるでしょう。二〇〇年前の作曲家とはとても思えないほど現代的なセンスに満ちているからです。ロッシーニの音楽は時代を超えて聴く者に生理的な快感を与えます。

嘘だと思うなら「セヴィリアの理髪師」序曲を聴いてみるといいでしょう。うきうきするような楽しげな序奏が終わったあと、うっとりする甘い歌が流れます。やがてミステリアスで妖《あや》しいメロディーが畳《たた》みかけるように奏《かな》でられますが、その魅惑的な旋律は心を掻《か》き乱すような麻薬的な魅力に満ちています。こんなメロディーは誰も書けません。悲劇的な予感にはっと思った次の瞬間、今度は切ないまでの音楽に変わり、センチメンタルな感情を煽《あお》ります。

音楽は万華鏡のようにめまぐるしく変化し、いささかも停滞することがありません。そして終盤はテンポをぐんぐん上げ、凄まじいドライブ感を持ってコーダ（終結部）に突き進みます。わずか数分の中に、いくつもの名曲が詰め込まれているような贅沢《ぜいたく》さがあります。並の作曲家なら一つの動機（モティーフ）を徹底的に使いたおすところを、ロッシーニはメロディーを惜《お》しげもなく注《つ》ぎ込みます。小説で喩えるなら、いくつも長編を書けるだけの材料を短編の中に放り込んでしまう感じでしょうか。

「どろぼうかささぎ」序曲も見事な曲です。軍楽隊を思わせる勇ましい行進曲風の序奏のあと、ロッシーニ特有の軽快なメロディーが繰り返されます。スピードに乗って上下行するそのメロディーは、音楽の悪魔がからかうような不気味なユーモアに満ちています。それでいてゾクッとするほど美しい。映画監督のスタンリー・キューブリックはクラシック音楽をうまく映像に溶《と》け合わせる天才ですが、近未来SF映画『時計じかけのオレンジ』において、壊れた劇場で不良少年たちによる凄惨な乱闘シーンにこの曲を使って素晴らしい効果を上げています。まるでこの映像に合わせて曲を作ったのかと思うほど現代的な音楽に聴こえます。

「ウィリアム・テル」序曲は、おそらくロッシーニの曲の中でもっとも有名な曲でしょう。フィナーレに使われた行進曲は、数あるクラシック音楽の中でも特に知られている名曲と言えます。ちなみにこの曲のフィナーレは前記『時計じかけのオレンジ』の中でコメディチックなセックスシーンのBGMに使われています。

このオペラはスイスの伝説的英雄ウィリアム・テルの活躍を描いたものですが、序曲自体がオペラ全体を表しています。「夜明け」「嵐」「静寂」「スイス軍隊の行進」の四部で構成された大がかりな序曲は、それだけで一つのドラマになっていて、まるで小さな交響曲とも言えるほど完成度が高い。チェロとコントラバスとティンパニだけで演奏される「夜明け」の美しさは絶品です。そして次の「嵐」ではオーケストラが全合奏で凄まじさを見せ、その迫力はヴァーグナーも凌《しの》ぐほどです。嵐が過ぎ去ったあとは、アルトオーボエ、イングリッシュホルン、コーラングレとフルートがロマンティックな牧歌を奏でます。そしてフィナーレの「スイス軍隊の行進」は勝利の雄叫《おたけ》びとも言える怒濤《どとう》のマーチです。このフィナーレはベートーヴェンの「交響曲第五番《運命》」と同じくらい、ドラマやアニメで使い倒されてきました（有名なところでは伝説的テレビ番組「オレたちひょうきん族」のオープニング曲）。今や一種のギャグみたいになった曲ではありますが、優《すぐ》れた演奏で序曲全体を通して聴くと、このフィナーレが持つとてつもないエネルギーとパッションに圧倒されます。

ロッシーニのオペラにはこの他にも「アルミーダ」「アルジェのイタリア女」「絹のはしご」など、名曲が目白押しです。どの曲も明るく、切なく、甘く、ロマンティックで、それでいてスピード感に溢れています。すべての曲に「これぞロッシーニ！」という刻印が押されています。

彼は一九世紀のヴィーンで大変な人気を博し、彼自身も金銭的な成功を収めました。貧困に苦しんだ作曲家が少なくない中、これはきわめて珍しいケースです。彼の怠け癖はもしかしたら大金を手にしたせいかもしれません。人間は誰しも金があれば働きたくないものです。もし彼がモーツァルトやベートーヴェンのように金銭的に困窮していたなら、その才能をもっと使って作曲に励《はげ》んだかもしれません。

彼は三七歳で最後のオペラを書いたあとは作曲活動をほぼ引退し、残り約四〇年の人生を料理研究と旅に明け暮れることになります。そして何と晩年は高級サロンやレストランを経営します。あり余る作曲の才能を持ちながら、七六歳で亡くなるまで趣味の世界に没頭した彼の生き方には呆《あき》れるばかりですが、ここまで徹底されるとかえって潔《いさぎよ》い気もします。

しかし、と私は思います。もしロッシーニが生前に爆発的な人気を博さず、生活のために作曲をしなければならなかったとしたら、ベートーヴェンも斯《か》くやという傑作を何曲も書いたのではないか、と。ただ明るいだけの曲ではなく、陰翳に満ちた深みのある名曲をいくつも残し、もしかしたら今日、「楽聖《がくせい》」と呼ばれるような存在になっていたのではないか、と思うのです。しかしロッシーニはそんな私の想像を聞けば、豪快に笑い飛ばすかもしれません。「自分の曲が受けなければ、さっさと音楽の道を捨てたさ」と。

確かに彼なら実業の世界に飛び込んでも成功したような気がします。そして三十代で財をなし、やはり後年は料理作りと旅を楽しんだかもしれません。そう、ロッシーニは音楽でなく、彼自身の生涯で「人生を謳歌」した作曲家だったと言えるでしょう。

トスカニーニの超名演は、怒濤の迫力

演奏はアルトゥーロ・トスカニーニ指揮NBC交響楽団のCDが素晴らしい。どの曲も「歌」に満ち、同時に気迫とエネルギーが漲《みなぎ》っています。六〇年以上も昔のモノラル録音ですが、演奏はいささかも古びません。「ウィリアム・テル」などは超名演と言ってもいい。ラストの「スイス軍隊の行進」などはまさに怒濤の大迫力です。

フリッツ・ライナー指揮シカゴ交響楽団の演奏も凄い。迫力だけならトスカニーニを上回るかもしれません。これも半世紀以上前の録音ですが、当時、世界最高と言われたシカゴ響の底力には舌を巻きます。

ヘルベルト・フォン・カラヤン指揮ベルリン・フィルハーモニー管弦楽団も見事としか言いようのない演奏です。新しい録音ならシャルル・デュトワ指揮モントリオール交響楽団、クラウディオ・アバド指揮ヨーロッパ室内管弦楽団の演奏も素晴らしい。

メンデルスゾーン「ヴァイオリン協奏曲」

ヴァイオリンでなければ表現できない世界

ゲーテが驚嘆した才能

音楽史上もっとも名高い神童はモーツァルトですが、それに劣《おと》らない神童と言われているのがフェリックス・メンデルスゾーン＝バルトルディ（一八〇九―四七）でしょう。

彼はまたクラシック音楽史上もっとも裕福な家庭と知的な環境に育った作曲家でもあります。父親はドイツのハンブルクの銀行経営者で、母方の一族も工場経営者で大変な資産家でした。祖父のモーゼスはカントにも影響を与えた有名な哲学者で、メンデルスゾーン家のサロンには当時の著名な科学者、文学者、芸術家などが頻繁《ひんぱん》に訪れ、両親は子供たちに音楽に限らず幅広い教育を受けさせました。クラシック音楽の作曲家でこんな恵まれた環境に育った人はいません。

一八世紀から一九世紀はじめ頃は、音楽家の地位は非常に低く、裕福な家庭の子弟がプロの演奏家や作曲家を目指すということはまずありませんでした。貧しい楽士《がくし》だったモーツァルトの父は英才教育を施《ほどこ》した息子を見世物にしてヨーロッパ中を旅して金を稼ぎましたし、同じく貧しい宮廷歌手だったベートーヴェンの父はそれを見て息子もそうしようと思い、凄まじいスパルタ教育を施しました。そのすこし前のバッハは音楽家一家に生まれ（家は裕福ではない）、音楽の道に進むことは最初から決められていたような人生でした。

しかしメンデルスゾーンはあくまで教養として音楽教育を受けたのです。そして幼《おさな》い頃から才能を発揮しました。文豪ゲーテは七二歳の時に一二歳のメンデルスゾーンに会い、その神童ぶりに驚嘆し、モーツァルト以上の才能であったということを手紙の中で書いています。もっともゲーテがモーツァルトに会ったのは一三歳の時で、当時モーツァルトは七歳でした。

メンデルスゾーンもモーツァルトと同じく一度見た楽譜、一度聴いた音楽を完璧に記憶する能力を有していたと言われています。少年時代から作曲家として活躍し、一五歳で

「交響曲第一番」を書き、一六歳で「弦楽八重奏曲 変ホ長調」を書きました。これらは今も演奏会で演奏される有名な曲です。そして一七歳の時、「真夏の夜の夢」序曲という傑作を書きました。この曲はもともと姉のファニーと弾《ひ》いて楽しむためにピアノ連弾用に書かれたものを管弦楽に編曲したものですが、これを聴けば、誰もがその光り輝く才能を感じ取ることができるでしょう。

余談ですが、この曲に関しては驚くべきエピソードが残されています。彼はある時、引っ越した際にこの曲の総譜《そうふ》を紛失してしまいましたが、記憶を頼りに書き直しました。のちに紛失した楽譜が発見されますが、書き直した楽譜と異なっていたのはわずかに七ヵ所だけでした。その七ヵ所も間違えたのではなく、メンデルスゾーン本人が修正したものではないかと言われています。

まさに唖然《あぜん》とする記憶力です。私はそそっかしくて、以前はよく、せっかくワープロに書いた原稿をうっかりミスで消してしまうことがありました。絶望的な気分で記憶を頼りにもう一度書くのですが、同じ文章などまったく書けたためしがありません。稀《まれ》にパソコンの復元に成功してもとの原稿を見ると、まるで違う原稿なのです。

メンデルスゾーンは語学に関しても天才的で、ドイツ語、ラテン語、イタリア語、フランス語、英語を自在に操《あやつ》れました。また詩作や絵画も得意でした。水彩画に関してはプロの画家以上の実力がありました（現在、彼の水彩画はライプツィヒのメンデルスゾーン記念館に展示されている）。ここまで来ればもはや嫉妬《しっと》も感じません（笑）。

ピアノにはない、ヴァイオリンの特性

成人してからもメンデルスゾーンの音楽の才能は衰《おとろ》えることはなく、次々と傑作を生み出していきます。メンデルスゾーンの曲は、美しく、明るく、清涼感があります。それが彼の曲の特徴ですが、実は私はそこに物足りなさを感じることもあります。あまりにも明るすぎるのです。

もちろん短調の曲もあるし、悲しい雰囲気を持った曲もあれば、陰翳のある曲もあります。しかし彼の短調には、モーツァルトのようにデーモン（悪魔）を感じるような暗さはないし、シューベルトのような胸を抉るような悲しみもありません。またベートーヴェンのような悲劇的な闘争もありません。あえて言えば、センチメンタルな切なさなのです。

これは私の勝手な想像にすぎませんが、メンデルスゾーンの音楽の中に暗さやどろどろとしたものがないのは、彼が挫折をいっさい経験しなかったせいではないでしょうか。非

常に裕福で知的な家庭に育ち、幼い頃から天賦《てんぷ》の才を発揮し、文豪ゲーテにも愛され、若くして音楽界の寵児となり、亡くなるまでヨーロッパ楽壇の重鎮であったという、あまりにも順風満帆の人生が、彼の音楽に深い陰翳を与えなかったというのは、穿《うが》ちすぎた見方でしょうか。しかし逆に言えば、それがメンデルスゾーンの音楽の魅力とも言えます。

そんなメンデルスゾーンのもっとも人気のある曲は、センチメンタリズムの極致《きょくち》とも言える「ヴァイオリン協奏曲 ホ短調」です。

クラシック音楽には昔から「三大ヴァイオリン協奏曲」と呼ばれている曲があります。ベートーヴェンとブラームスとメンデルスゾーンのヴァイオリン協奏曲です（チャイコフスキーのヴァイオリン協奏曲を入れて「四大ヴァイオリン協奏曲」と呼ばれることもある）。

興味深いことに上記の三人（四人）はいずれもヴァイオリン協奏曲を生涯に一曲しか書いていません（メンデルスゾーンには未発表の曲が一つあるが）。もしかしたら作曲家にとってヴァイオリン協奏曲は簡単に手を出せるジャンルではないのかもしれません。

ヴァイオリン協奏曲というのは、よく考えると不自然な曲に思えなくもありません。というのは、もともとオーケストラにはヴァイオリン奏者が沢山《たくさん》います。バロック時代の室内楽だとヴァイオリン奏者の数も二、三人ですが、一九世紀以降のオーケストラは第一ヴァイオリンと第二ヴァイオリンを合わせると、一〇人を超えることは珍しくないし、大きな規模の曲なら二〇人を優に超えます。ところが、ヴァイオリン協奏曲では、一挺《ちょう》の独奏ヴァイオリンが、大勢のヴァイオリン奏者がいるオーケストラを相手に丁々発止《ちょうちょうはっし》のやりとりを続けるわけですが、ヴァイオリン群の音色や旋律と分けないと、独奏ヴァイオリンが目立たないということになります。ピアノが得意な作曲家は多いですが、ヴァイオリンの独特のテクニックや奏法に通じている人は少なく、そのあたりがヴァイオリン協奏曲というジャンルが少ない原因ではないでしょうか（ヴァイオリンも上手《うま》かったと言われるモーツァルトは五曲のヴァイオリン協奏曲を書いている）。

さて「三大ヴァイオリン協奏曲」に話を戻しますと、ベートーヴェンとブラームスの曲は交響曲に比べても遜色《そんしょく》ない重厚なもので、それ自体とてつもない名曲であることを認めた上で言うのですが、ヴァイオリン協奏曲で書かなくてもよかったのではないかと思われるところもあります。しかしメンデルスゾーンの「ヴァイオリン協奏曲 ホ短調」は、ヴァイオリン協奏曲でなければ成り立たない曲だと思います。ヴァイオリンという楽器の持つ特色と独特の音色を存分に引き立たせた曲だからです。

ヴァイオリンは一本の弓で音を出すので、基本的には旋律線が一つです。ピアノのように和音を自在に使うのは難しいし、大きな音も出せません。つまりオーケストラを相手に戦うには弱い楽器とも言えます。しかしヴァイオリンにはピアノにはない武器があります。それはレガート奏法（音の間を切らず滑《なめ》らかに演奏する方法）です。ピアノはハンマーがピアノ線を叩いて音を出す、言うなれば打楽器なので、音と音を切れ目なく柔《やわ》らかくつないでいくのは苦手な楽器なのです。ところがヴァイオリンはそうではありません。音と音を切れ目なく続けていくことができるばかりか、ピアノでは出せない音と音の間の音さえ出すことができるのです。

またヴァイオリンの音は人の心に直接訴えかけるエモーショナルなものを持っています。ピアノは誰が叩いても同じ音が出ますが、ヴァイオリンはそうではありません。弾く者によって音が千変万化します。あえて言えば、人の声に近い楽器とも言えます。メンデルスゾーンの「ヴァイオリン協奏曲 ホ短調」は、そんなヴァイオリンという楽器の個性を存分に引き出した傑作であると思います。

第一楽章はいきなりヴァイオリン独奏で哀切《あいせつ》きわまりないメロディーが流れます。この冒頭部分で聴衆は一瞬にして不思議な世界に連れて行かれるでしょう。そしてこれ以降、音楽はまさにヴァイオリンでなければ表現不可能なメランコリックな魅力に満ちた世界が展開します。ヴァイオリンはまるで魅惑に満ちた女性のように、時に優しく、時に情熱的に、また時にエロティックとも言えるほど情緒たっぷりに語りかけます。「これぞヴァイオリン協奏曲！」と言いたくなります。

展開部の終わりにカデンツァがありますが、ここでメンデルスゾーンは面白い書き方をしています。そもそもカデンツァとは、演奏者の独奏による即興演奏で、協奏曲の華《はな》とも言える部分ですが、メンデルスゾーンは演奏家のアドリブを許さないかのようにすべての楽譜を書き込んでいます。おそらく演奏家の勝手な演奏で全曲の統一感が失われることを恐れたのかもしれません（同じことをベートーヴェンも「ピアノ協奏曲第五番《皇帝》」でやっている）。

第二楽章は長調の緩徐《かんじょ》楽章（ゆるやかで静かな楽章）ですが、ここでのヴァイオリンの旋律は幸福感に満ちています。中間部に不安を煽るような部分がありますが、最後は再び幸福に包まれるように終わります。

第三楽章の最初は短調に戻り、第一楽章のような悲しげなメロディーが流れますが、それを打ち消すような金管《きんかん》楽器群のファンファーレが轟《とどろ》きます。その途端、音楽は一変します。ヴァイオリンは悲しみを捨て去り、全身で喜びの歌を奏でます。その踊るような明るい旋律はまさにメンデルスゾーンならではです。音楽は眩いばかりの光に覆《おお》われて、幸福感の絶頂のうちに終曲します。

まさに全曲が「人生賛歌」と言える曲です。

実生活のメンデルスゾーンもまた音楽の神ミューズに愛されたかのような幸福な作曲家でしたが、三八歳の若さでこの世を去ります。死後、彼は保守的な音楽家であったということで、評論家たちから低い評価しか与えられませんでした。ヨーロッパ音楽の世界では新しいことに挑戦する音楽家以外は評価されないきらいがあるからです。しかしこれは悪《あ》しき伝統であると私は思っています。『クラシックを読む1』で紹介したラフマニノフの「ピアノ協奏曲第二番」もそうした理由で、長い間不当な評価を受けていました。

もちろん現代では、メンデルスゾーンの音楽は再評価されています。

著名ヴァイオリニストの名演奏が目白押し

この曲は超人気曲で、古今の有名ヴァイオリニストでこの曲を録音していない人はいないと言われるほどです。当然、名盤は山のようにあります。

思いつくままに名前を挙げると、ダヴィッド・オイストラフ、アイザック・スターン、ナタン・ミルシテイン、ヤッシャ・ハイフェッツ、イツァーク・パールマン、チョン・キョンファ、アンネ＝ゾフィー・ムター、五嶋《ごとう》みどり……、いやもうきりがありません。上記のヴァイオリニストだけでなく、この有名曲を録音するほどのヴァイオリニストなら、誰の演奏を聴いても十分満足できると断言できます。むしろその中から何枚かを選び出すほうが無理があると言えます。

ベートーヴェン「交響曲第八番」

ついに判明した「不滅の恋人」、「第八番」との関連は？

低人気が不思議な名曲

ベートーヴェン（一七七〇―一八二七）の交響曲の中で人気投票をすれば、どの曲が一位を獲得するでしょうか。雄渾な「第三番《エロイカ》」、「ザ・シンフォニー」とも言える「第五番《運命》」、美しいメロディーがふんだんにちりばめられている「第六番《田園》」、かのヴァーグナーが「舞踏の神化《しんか》」と呼んだ「第七番」、ベートーヴェンの交響曲の集大成とも言える「第九番《合唱付》」――。おそらくこのあたりが熾烈《しれつ》な首位争いをすると予想されますが、いっぽうで最下位争いをすると見られるのは「第二番」か「第八番」と思われます。

実際、この二曲はコンサート会場での演奏機会も他の曲に比べて明らかに少ない。「第二番」はベートーヴェンの若い時（といっても三〇歳を超えていたが）に書かれたもので、まだハイドンやモーツァルトのスタイルを引きずっていた時代のものですが、「第八番」はそうではありません。作曲家として円熟期を迎えていた時代に作られた曲だけに、人気が高くないのは不思議です。

「第八番」は「第七番」が書かれた直後に作られていますが、初演の時も、「第七番」は多くの聴衆が喜んだものの、「第八番」はほとんど受けなかったと言います。ちなみにベートーヴェンが語った面白い言葉が残っています。

「聴衆がこの曲（「第八番」）を理解できないのは、この曲があまりに優れているからだ」

いかにも皮肉屋のベートーヴェンらしい言葉ですが、私はこの言葉に大いに賛成したい。実は私は「第八番」が「第七番」以上に好きなのです。

「第八番」は不思議な曲です。これまでの七つの交響曲で次々と新機軸を打ち出してきたベートーヴェンが、「第八番」ではハイドンの交響曲を模《も》したような古典的な交響曲を書いています。また彼の交響曲の中ではもっとも規模が小さく、全曲演奏しても二十数分です。しかし、実は「第八番」こそベートーヴェンが交響曲という世界で到達した究極の曲ではないかと私は密《ひそ》かに思っています。いっさいの無駄を削《そ》ぎ落とし、必要な音のみで構成した交響曲に聴こえるのです。

ここには《運命》のような「苦悩を通して歓喜へ」という深いテーマはありません。また「第七番」のような熱狂もありません。しかし音楽的な愉悦がふんだんにあり、全曲にわたって幸福感に満ちています。それでいて第一楽章の展開部の盛り上がりなどは、奇数交響曲(「第三番」「第五番」「第七番」)の迫力に負けていません。ベートーヴェン自身、この曲には相当な手応《てごた》えがあったのではないかと思います。その証拠に、一二年間に八曲も書いてきた交響曲をぱたりと書かなくなったのです(彼が「第九番」を書くのは、この一二年後である)。

最終楽章で爆発する、恋の喜び

「交響曲第八番」には謎がいくつかあります。その一つは誰にも献呈されなかったということです。当時、ベートーヴェンの多くの曲は後援者の貴族などに献呈されていました。裕福な貴族に献呈すれば、多くの場合それなりの謝礼ももらえます(そうでないケースもあるが)。まして交響曲のような大曲ですから、献呈されるほうも名誉であるし、当然、謝礼も大きい。にもかかわらず、この曲は誰にも献呈されなかった彼の唯一の交響曲となりました。その謎を解くカギになるのは、「不滅の恋人」ではないかと私は考えています。

ベートーヴェンの死後、机の隠し引き出しから一通の手紙が発見されました。その手紙はある女性に宛《あ》てて書かれた恋文でした。愛する女性に想《おも》いを切々と記したこの手紙は史上屈指の恋文とされています（次ページの写真）。ただ、宛先に名前がなく、代わりに「不滅の恋人へ」と書かれていたことから、この女性は「不滅の恋人」と呼ばれています。

ベートーヴェンの研究家たちは、この「不滅の恋人」とは誰なのかと調べましたが、その調査は何と一五〇年以上も続きました。その間、候補となった女性は一〇人以上に上りましたが、特定には至りませんでした。というのも手紙がいつどこで書かれたのかがわからなかったからです。土地の名前もすべてイニシャルで書かれていて、万が一誰かに見られてもわからないような配慮がなされていました。一度投函したであろう手紙がなぜ彼の手元にあったのかというのも謎ですが、これはおそらく女性から返却されたものと考えられています。

ところが近年、当時のホテルの宿泊帳や郵便馬車の運行記録などから、手紙の投函地が温泉保養地テープリッツであることがわかりました。そして投函された日は一八一二年七月六日と七日であることがほぼ特定されたのです。またその他のさまざまな状況から、「不滅の恋人」はアントニー・ブレンターノという女性であることがほぼ確実となりました。

　ちなみにこれを解き明かしたのはアメリカの音楽学者メイナード・ソロモンというのが世界の定説となっています（一九七二年の論文による）。しかし実はそれよりも一〇年以上も前の一九五九年に、わが国のノンフィクション作家でベートーヴェン研究家でもある青《あお》木《き》やよひ氏が綿密な調査をもとにアントニー説を唱えています。しかし、これは欧米に翻訳されなかったため、その功績が認められていないのは非常に残念です。

　ところでベートーヴェンはなぜ手紙に名前を記さず、土地の名前もイニシャルにしたのでし

ベートーヴェンが「不滅の恋人」に宛てた手紙

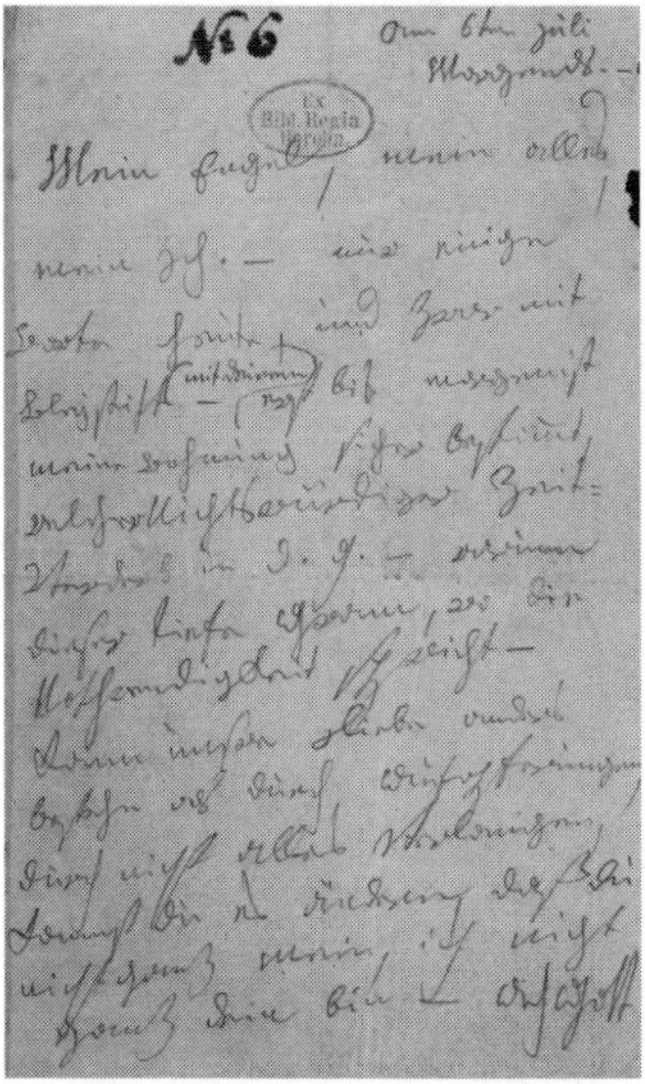

（ベルリン州立図書館蔵）

ようか。

それはアントニー・ブレンターノが人妻であったからです。つまり二人の恋は道ならぬものであったのです（この手紙が書かれた年、ベートーヴェンは四一歳、アントニーは三二歳だった）。貴族の家に生まれ、一八歳で裕福な商人の家に嫁《とつ》いだアントニーは、しかし幸せな結婚生活を送ることができませんでした。彼女はベートーヴェンに出会って恋に落ち、駆け落ちを決意するまでになります——。

ここで「交響曲第八番」に戻りますが、実はこの曲はベートーヴェンが一八一二年に保養地テープリッツに滞在中に書かれていることがわかっています。彼が同地を訪れたのは同年七月五日、「不滅の恋人」への手紙が書かれたのは七月六日と七日です。つまり「第八番」は、彼がアントニーとの恋に命を燃やしているまさにその時に作曲された曲なのです。

また第三楽章で、保養地カールスバードの郵便馬車のポストホルンを模した旋律を使っていることはよく知られていますが、ベートーヴェンがテープリッツに滞在していた時、アントニーが滞在していたのがカールスバードなのです。手紙の中にも「ここからKへ郵便馬車が出るのです」という一文があります。そう、ベートーヴェンはアントニーからの手紙が運ばれる郵便馬車の到着を心から待っていたのです。

第一楽章、いきなり全合奏で明るい主題が奏でられます。ベートーヴェンの交響曲の中で、冒頭にこれほど輝きに満ちた主題が奏《そう》されたものはありません。まさに恋の喜びを全身で表しているかのようです。この楽章は躍動感に溢れ、ベートーヴェンが愛する女性を何度も抱きしめ、何度もキスしているようにも見えます。そして展開部の終わりのクライマックスは、性的なエクスタシーさえ感じさせます。

第二楽章の規則正しく刻《きざ》まれる十六分音符は、かつてはメトロノームを考案したメルツェルに送った自作のカノン（輪唱。バッハ「平均律クラヴィーア曲集」で詳述）を模したものと言われていましたが、現在ではいくつかの理由で否定されています。私には、このリズムは郵便馬車の蹄《ひづめ》の音に思えます。

第三楽章では前述のように恋人からの手紙を一日千秋《いちじつせんしゅう》の思いで待つベートーヴェンの気持ちが表されています。楽しいが同時に切ない音楽でもあります。

そして最終楽章でベートーヴェンは恋の喜びを爆発させます。疾駆するかのようなリズムは、恋人に向かって全速で駆け出しているかのようです。いや、ただ全速で走るだけではありません。走りながら何度も飛び跳《は》ね、踊っています。まさしく狂喜乱舞といった音楽です。「交響曲第八番」は彼の個人的な想いを音楽にしたように思えます。そう考えると、彼が誰にもこの曲を献呈することがなかったのもわかる気がします。

しかしこれほど喜びに満ちた曲を作ったにもかかわらず、二人の愛はまもなく破局します。その理由はアントニーの予期せぬ妊娠でした（子の父は夫）。このことは「不滅の恋人」への手紙の中からも窺《うかが》えます。というのは、その手紙の中でベートーヴェンは、何度も「心を静めてください」と書き、悩み狼狽《うろた》えているらしいアントニーに落ち着くように宥《なだ》めているのです。手紙の文章から、アントニーの状況がかなり切羽《せっぱ》詰まったものであることがわかります。

二人がその後どのような話し合いをしたのかはわかりません。ただわかっているのは、その年には二人は別れたらしいということです。アントニーは翌年の春に出産しました。一時はアントニーと駆け落ちしてイギリスで暮らすことを考えていたベートーヴェンは、生涯アントニーと会うことはありませんでした。

しかし彼の心からアントニーへの想いが消えることはありませんでした。それはアントニーへの手紙を隠し、引き出しの奥に大切にしまっていたことからもわかります。また最晩年に書かれた彼のピアノ曲の総決算とも言える大曲「ディアベリ変奏曲」は、アントニーに献呈されています。

優雅で柔らかな古典的名盤に酔う

昔から定評あるのはハンス・シュミット＝イッセルシュテット指揮ヴィーン・フィルハーモニー管弦楽団の演奏です。優雅で柔らかく、「これぞ『第八番』の世界」と思わせます。半世紀以上も前の演奏ですが、古典的名盤だと思います。ヘルベルト・フォン・カラヤン指揮ベルリン・フィルハーモニー管弦楽団の演奏は何種類かあり、いずれも名演ですが、あえて挙げるなら一九六二年録音をお薦めします。きびきびして小気味いい演奏で、オーケストラもめちゃくちゃ上手い。こういう演奏を聴くと、やはりカラヤンは素晴らしい指揮者だと思います。

ニコラウス・アーノンクール指揮ヨーロッパ室内管弦楽団の演奏もいい。どの楽章も細部まで考え抜かれたもので、見事な演奏だと思います。ヴィルヘルム・フルトヴェングラー指揮ベルリン・フィルハーモニー管弦楽団の演奏（一九五三年）は実に劇的です。曲本来の演奏ではないような気もしますが、迫力に圧倒されます。オットー・クレンペラー指揮フィルハーモニア管弦楽団の演奏も巨大な演奏です。他にはユージン・オーマンディ指揮フィラデルフィア管弦楽団、レナード・バーンスタイン指揮ヴィーン・フィルハーモニー管弦楽団もいい。

変わったところでは、デヴィッド・ジンマン指揮チューリッヒ・トーンハレ管弦楽団の演奏が個性的で面白い。演奏時間二三分は「第八番」の全CDの中でもっとも速い部類ではないでしょうか。

私は実はピリオド楽器演奏はあまり好みではありませんが、フランス・ブリュッヘン指揮一八世紀オーケストラの演奏はユニークで楽しめます。リズムが生き生きとしていて、金管楽器のアクセントが効《き》いていて、とにかく聴いていていて愉《たの》しい演奏です。

モーツァルト「ホルン協奏曲第一番」

第二楽章を作曲したのは誰か?

「一七九七年」という謎

私は昔からモーツァルト(一七五六―九一)の「ホルン協奏曲第一番」に非常に心惹かれていました。弦楽の主題のあとホルンが朗々と鳴る瞬間から、実に不思議な心持ちに襲われるのです。全曲で一〇分に満たず、モーツァルトの数多《あまた》ある傑作の中では特に重要とは見做《みな》されていない曲ですが、なぜか若い頃から大好きでした。

彼のホルン協奏曲は全部で四曲ありますが、他の三曲はいずれも三楽章形式なのに、「第一番」だけは第二楽章で終わっています。しかもケッヘル番号(モーツァルトの全作品につけられた作曲順の番号)は第一楽章がK412、第二楽章がK514となっています。

これは第一楽章が一七八二年、第二楽章が一七八七年に作られたと見られていたからです。モーツァルトは期間を空《あ》けて作曲することが珍しくありませんでした。また「第一番」のホルンのパートは他の三曲に比べて技術的に易《やさ》しく書かれており、その意味でも不思議な作品ではありました。

さらにこの作品が謎めいているのは、第二楽章が未完成バージョンと完成バージョンの二種類あったことです。しかも奇妙なのは完成バージョンの楽譜に「一七九七年四月六日聖《せい》金曜日（作曲）」と書かれていることです。モーツァルトは一七九一年の一二月に亡くなっているので、一七九七年というのはありえません。しかし彼はしばしば楽譜に冗談を書く男で、作曲年をでたらめに書いたこともあります。

モーツァルトの全作品を調べ、ケッヘル番号の生みの親であるルートヴィヒ・フォン・ケッヘルは、この曲の実際の作曲年は一七八七年としました。なぜそうしたのかと言えば、一七八七年の四月六日が「聖金曜日」だったからです。おそらくモーツァルトは単純に一〇年ずらして書いたのだろうと考えたのです。現在コンサートや録音では、K412とK514を合わせて一つの曲として演奏されます。

楽譜のオリジナル譜の研究が本格的に進むのは第二次世界大戦後ですが、「ホルン協奏曲第一番」の第二楽章のオリジナル譜は、未完成バージョンも完成バージョンも戦前から戦中に行方不明になっていました。しかし一九六六年にレニングラード（現サンクトペテルブルク）で完成バージョンが存在していることがわかりました。一九七三年にモーツァルトの筆跡研究家が当地でその楽譜を調べた時、驚愕《きょうがく》の事実を発見しました。何と、それはモーツァルトの筆跡ではなかったのです。つまり長年親しまれてきたこの第二楽章は他人の作曲によるものだったのです。それを書いたのは誰なのか？　そしてその目的は？

その謎に迫る前に、そもそも完成バージョンが書かれた年の謎を書きます。実はケッヘルは、完成した第一楽章の楽譜を出版した版元が「一七八二年作」というのを信用して、一七八二年作としていたのですが、一九七〇年代にアラン・タイソンという学者が、一〇年かけてモーツァルトの自筆譜を放射線で調べ、その五線紙が作られた製紙工場や年代、また五線譜のインクなどから、いつどこの印刷屋で作られたのかを探りました。さらにモーツァルトがその楽譜をいつ使ったのかまでも調べ上げました。こういう話を聞くと、本当に研究者というのは凄いと思います。

さて、タイソンが「ホルン協奏曲第一番」の第一楽章と未完成の第二楽章の楽譜の紙を調べたところ、驚くべき事実が明らかになりました。何とモーツァルトがそれを書いたのは一七九一年であったというのです。一七九一年は彼の死んだ年です。つまり長い間、「ホルン協奏曲第一番」は四つのホルン協奏曲の中ではもっとも初期の作品と思われてきたのが、実は最晩年の曲であることが判明したのです。このあたりは石井宏著『帝王から音楽マフィアまで』（学研M文庫）に、非常にスリリングに書かれています。

死ぬ前のプレゼント

晩年になると、モーツァルトの音楽はどんどん浄化されていきます。絶筆となった「レクイエム」を例外として、死の年に作られた曲はどの曲もあからさまに悲しみや苦悩を歌ったりはしません。明るく、朗《ほが》らかで、澄《す》み切っていて、まるで天上の調べのようです。しかし、じっと耳をすませると、そこには限りない悲しみが聴こえます。深く心の底に染み通るような切なさがあります。「クラリネット協奏曲」、「ピアノ協奏曲第二七番」、オペラ「魔笛」、合唱曲「アヴェ・ヴェルム・コルプス」など、モーツァルトが死の年に作った曲はすべて「澄み切った悲しみ」とも言える最高傑作です。白鳥は死ぬ前に美しい声で鳴くということから、芸術家が最後に残す名作はしばしば「白鳥の歌」と言われますが（実際の白鳥は鳴かない）、モーツァルトの最晩年の曲はすべてが「白鳥の歌」と言える傑作ばかりです。「ホルン協奏曲第一番」は、そんな中で書かれた曲だったのです。

モーツァルトはこの曲を何のために作曲したのでしょうか。実は友人のホルン奏者ヨーゼフ・ロイトゲープのために書いたのです。ロイトゲープ（モーツァルトはふざけてライトゲープと書いていたらしいが）はモーツァルトよりも二四歳年上でしたが、年齢差を超えた友人でした。四曲のホルン協奏曲はすべて彼のために書かれたものです。当時のホルンは楽器の形態のために自由自在にメロディーを吹くことができませんでしたが、モーツァルトはその制約の中で名曲を書き残しているのが凄い。

彼は死の年、おそらく自分の命があまり長くないと察したのか、友人たちのためにいくつか曲を書いています（前述の「クラリネット協奏曲」も友人のクラリネット奏者のために書いた曲である）。それらの曲はまったく金《かね》にはなりません。にもかかわらずモーツァルトがそれらを書いたのは、死ぬ前に友人へ曲をプレゼントしたかったのでしょう。

一九六六年のレニングラードでの発見後、一九七七年にポーランドで第一楽章の完成譜と共に発見された「ホルン協奏曲第一番」の第二楽章の未完成楽譜には、至るところにモーツァルトのいたずら書きが書かれています。その一部を紹介しましょう。

「元気出せ、すっ飛ばせ、そうだ、ほれ、ほれ」
「いいぞ、しっかり、なんだもう終りか」
「このバカ、ああ、なんて音痴だ」
「ここ（ロンド主題）は次回はうまくやれよ」
「一音くらいは合わせろ、チンボコ野郎」

（石井宏著『帝王から音楽マフィアまで』新潮社）

これらの罵倒はロイトゲープを馬鹿にしたものではありません。モーツァルトは本当に自分の大好きな友人にしか悪態めいた冗談は言わなかったからです。つまりロイトゲープはモーツァルトが心を許した友であったということです。モーツァルトは親友だったロイトゲープのために、本当に「愛をこめて」作曲したのです。さきほど、「ホルン協奏曲第一番」のホルンパートは比較的易しく書かれていると述べました。これは当時五八歳でテクニックが衰えていたロイトゲープを慮《おもんぱか》ってのものです。

今日の研究によれば、ホルン協奏曲は「第二番」「第四番」「第三番」「第一番」の順で作られたことがわかっています。また「第二番」「第四番」が作られた時は、ロイトゲープの技巧も落ちておらず、ホルンパートには高度なテクニックが要求されています。「ホルン協奏曲第第一番」はモーツァルトがロイトゲープのために書いた最後の贈り物でした。そして死を間近《まぢか》にしながら、愛情溢れる冗談を書いたのです。しかし彼はこの曲を完成させることができずに亡くなりました。

ここで最初の疑問に立ち返ります。この曲を完成させたのは誰なのか。

結論を言えば、それはモーツァルトの弟子フランツ・クサヴァー・ジュスマイヤーです。おそらくモーツァルトの未亡人コンスタンチェから依頼されて、完成させたのであろうと考えられています。この時、ジュスマイヤーは作曲した日付に「1792年4月6日聖金曜日」と書きました。そして「2」の文字を書く時、くるりと小さな円を書いたのですが、その円の部分がいつのまにか消え、後世の研究者の目に「7」の縦棒に斜《なな》め線を入れたように見えた。それをケッヘルは一七九七年と読み違えたというわけです。

さて、このジュスマイヤーの完成版ですが、途中で非常に不思議なメロディーが入ります。これはグレゴリオ聖歌の「預言者エレミヤの哀歌」の一節です。もしかしたらジュスマイヤーは師モーツァルトの死を悼《いた》み、このメロディーを挿入したのかもしれません。

ただ、ジュスマイヤーはこの楽章を完成させる際、モーツァルトのオリジナル部分をかなり変えています。この意図はよくわかりません。あえて言えば、モーツァルトの主題を使ってのジュスマイヤー作曲作品とも言えるほどです。これはある意味で冒瀆的《ぼうとくてき》とも言えます。彼が本当にモーツァルトを尊敬していたなら、師のオリジナル部分に手を加えることはなかったのではないでしょうか。実はジュスマイヤーはモーツァルトの生前から彼の妻のコンスタンチェとは男と女の関係であったと言われています。もしかしたら、師に対する嫉妬（才能も含めて）のような複雑な思いがあったのかもしれません。

それにしても二〇〇年の長きにわたって、モーツァルトの絶筆は「レクイエム」一曲だと言われ、しかもジュスマイヤーが補完した唯一の曲だと思われていましたが、実は「ホルン協奏曲第一番」もそうだったのです。

その事実を知ってから、「ホルン協奏曲第一番」を聴くと、これまでとはまた違った印象を感じるから不思議です。本来、音楽を聴く時はそうした諸条件に左右されるべきものではないとわかってはいますが、モーツァルトが死の年に、大好きだった友人のために楽譜に冗談を書きながら作った曲だと思うと、胸に迫るものがあります。そして偶然かもしれませんが、私が若い頃から、この曲になぜか心惹かれていたのはもしかしたらこのせいなのかもしれないと思うのです。

「ホルン協奏曲第一番」は単純なメロディーの中にそこはかとない優しさと愉悦があります。この曲もまたモーツァルトの「白鳥の歌」であると思います。

デニス・ブレインの古典的名演

この曲は有名なホルン奏者は皆、録音しています。名手デニス・ブレインがヘルベルト・フォン・カラヤン指揮フィルハーモニア管弦楽団の伴奏で演奏したものは古典的名演です。六〇年以上も昔のモノラル録音ですが、今聴いても素晴らしい。アラン・シヴィル（ホルン。以下Hr.）とオットー・クレンペラー指揮フィルハーモニア管弦楽団の演奏も名演です。一九八〇年代以前の録音は、モーツァルトの完成した第一楽章と、ジュスマイヤーが書いた第二楽章が録音されていましたが（当時はジュスマイヤー作曲とはわからなかったため）、最近の録音ではモーツァルトの未完成楽譜を研究家が補筆した版で演奏されることも多くなりました（CDではジュスマイヤー版も一緒に録音されることも多い）。

新しい録音なら、ヘルマン・バウマン（Hr.）とニコラウス・アーノンクール指揮ウィーン・コンツェントゥス・ムジクスの演奏が見事です。バリー・タックウェル（Hr.）とペーター・マーク指揮ロンドン交響楽団の演奏もいい。

【間奏曲】巨匠の時代

昔の演奏家が個性的な理由

私が推薦するCDには圧倒的に古い指揮者が多い。私が若い頃に真剣に聴いていた頃のレコードは古い録音が多かったためということもありますが、実はそれだけではありません。私は「巨匠」と呼ばれる過去の名指揮者が好きなのです。これは単なる懐古趣味とは違います。古い指揮者の演奏はその多くが強烈な個性を放っているのです。

それに比べて現代の指揮者は誰の演奏を聴いても同じに聴こえます。悪く言えば金太郎飴のような演奏なのです。ただ非常に洗練されていて、テクニック的にも最上級のレベルにあります。いっぽう、かつての巨匠の演奏はミスもあれば瑕《きず》もありますが、ほんのすこし聴いただけで誰の演奏かわかるほどはっきりと刻印が打たれています。

なぜ、昔の演奏家は個性があり、現代の演奏家は個性に乏《とぼ》しいのでしょうか。

実は一九世紀の終わりから二〇世紀はじめに生《せい》を受けた指揮者たち（私が何度も推薦ＣＤで挙げるトスカニーニ、クレンペラー、フルトヴェングラー、ライナー、カラヤンといった巨匠たち）は、現代のエリート音楽教育を受けた人たちとはまるで違った環境で育ちました。彼らが育った時代はレコードもなければラジオもありません。もちろんＣＤやカセットもありません。つまり音楽を日常普通に聴くことはできなかったのです。ピアノ曲なら自分で弾くことができたでしょうし、上手な人に聴かせてもらうこともできたでしょう。しかし交響曲や協奏曲となると、そういうわけにはいきません。コンサート会場に足を運ぶしかその曲を聴くことができない時代だったのです。

ところが二〇世紀前半までのヨーロッパの都市では、劇場で聴ける音楽の多くはオペラで、今のように交響曲などのコンサートはそれほど頻繁には開かれませんでした。だからモーツァルトやベートーヴェンなどのポピュラー曲でさえ気軽に聴くことはできませんでした。たとえばベートーヴェンの「交響曲第九番《合唱付》」などはコンサートでも滅多《めった》に取り上げられず、実際にプロの演奏家でも耳にする機会はほとんどありませんでした。そんな曲は他にもいくらでもあります。これは巨匠たちがプロとなった時も同様で、彼らの青年期の仕事のメインはオペラを指揮することでした。

だから彼らがコンサートにおいて、彼ら自身がこれまで一度も聴いたことがない交響曲や協奏曲を演奏するのは普通のことでした。そのため当時の指揮者は曲のイメージを摑むために総譜を徹底して読みました。同じページに何段にも分かれて書かれている多くの楽器のパートを睨《にら》み、その中から旋律線を探し出し、さまざまな音をどう演奏すればどういう響きになるかを、頭の中のオーケストラで鳴らして曲をイメージしたのです。

翻《ひるがえ》って現代の指揮者は音楽大学に入るまでに、古今の名曲のほとんどをCDで聴いて、すっかり頭に入っています。一時間を超えるマーラーの長い交響曲も何度も聴いていて、覚えていて、曲の構造も響きもイメージも完全に把握しています。またいろんな解釈がなされた過去の名演奏を何種類も聴くことができます。

楽団員のレベルも昔と今ではまるで違っています。現代のオーケストラの団員はほとんどが音楽大学の出身で、たとえばＮＨＫ交響楽団のメンバーの多くは東京藝術大学出身です。彼らは大学で音楽理論や対位法（バッハ「ゴルトベルク変奏曲」で詳述）、さらに過去の作曲家の歴史的な意味、さまざまな奏法とその歴史について学んでいて、音楽一般について非常に高い教養を身につけています。

しかし一〇〇年前のオーケストラ団員はそうではありませんでした。彼らの多くは十代半ばで歌劇場の団員となっています。彼らは古いタイプの楽士で楽器を操る腕は巧みですが、音楽についての理論や教養などはほとんど学んでいません。彼らの多くは自分が演奏する楽器のパート譜（総譜から特定パートを抜き出したもの）は見ても総譜を見ることはありません。だから指揮者が「入り」を指示してくれなくては、どこで入っていいのかもわからない場合がしばしばありました。したがって指揮者はそんな楽団員に適切に指示を与え、奏法を教え、全体を統率していかなければならなかったのです。

つまり昔の指揮者は言ってみれば、ばらばらのプレーヤーたちを一つにまとめて音楽を作っていく能力が必要でした。

一例を挙げれば、一九一三年に作曲されたストラヴィンスキーのバレエ音楽「春の祭典」は複雑なリズムとポリフォニー（多声音楽。バッハ「平均律クラヴィーア曲集」で詳述）で、しかも変拍子のため、当時は演奏できる指揮者が限られていましたが、今では学生オーケストラのレパートリーにもなっています。これは指揮者が曲を完全に把握していることと、オーケストラ団員が全体の中での自分のパートを理解しているからです。

現代のオーケストラ団員はどんな曲もたいてい頭に入っていますから、指揮者の指示が間違ったところで、まごつくことはありません。こんなことを言えば指揮者に怒られるかもしれませんが、現代は別に指揮者がいなくとも普通に演奏できます。ベートーヴェンの交響曲くらいなら簡単にやってのけます。それくらい能力の高いプレーヤーが揃っているのです。

生まれてくるのが一〇〇年遅かった!?

話がすこし脇に逸《そ》れましたが、なぜ昔の指揮者に個性的な演奏が多かったかと言えば、その曲に「規範」となるべき「模範的演奏」というものがなかったからです。前にも述べたように、彼らはほとんど初見のような形で総譜を読んで、頭の中で音楽を組み立てていったから、出来上がったものが同じような響きになるはずがありません。

ただ、時代が下るにしたがって、そうした曲も多くの指揮者によって何度も演奏され、またレコード録音されていくと、自然に「スタンダードな演奏」あるいは一種の「模範的演奏」というものが形作られていくようになります。それと共に聴衆のほうでも曲に対するイメージが固まってきます。その結果、強烈な個性を持った演奏というものが徐々に減っていくことになります。速すぎる演奏はスピードをゆるめ、遅すぎる演奏は速度を速め、またオーケストラの楽器の強弱もバランスの取れたものになってくるというわけです。

つまりこの一〇〇年の間に演奏のすべてが標準化していったのです。その結果、今はすべての演奏が中庸化し、それが没個性となりました。しかし言い換えれば、これは「演奏が成熟し、完成した」ということかもしれません。逆に昔の演奏は発展途上で、だからこそ、見た目として個性的な演奏が多かったと言えるかもしれません。

また「古い巨匠」たちの多くは楽譜というものは完全なものとは見做していなかった節《ふし》があります。彼らは作曲家が楽譜に書ききれない音とニュアンスを演奏で表現しようとしました。そのため極端に速いテンポや遅いテンポを取ったりもしました。また一曲の中でテンポを大きく変化させる場合もありました。より曲の真実に近づけると思えば、楽譜に手を加えることさえ恐れない指揮者も少なくありませんでした。それは現代においては「冒瀆的な行為」と見做されていて、今はそんなことをする指揮者は滅多にいません。

それでも私は昔の指揮者の演奏に心惹かれます。乱暴な喩えですが、機械で正確に作られた茶碗よりも、いびつであっても手作りの茶碗に味わいを覚えるようなものです。

もう一つ、過去の指揮者と現代の指揮者の大きな違いがあります。それは過去の巨匠たちにとってクラシック音楽は同時代の音楽であったことです。たとえばトスカニーニは一八六七年生まれですが、彼が生まれた年、ヴァーグナーは五四歳、ヨハン・シュトラウス二世は四二歳、ブラームスは三四歳でした。トスカニーニはヴェルディやプッチーニのオペラを何曲も初演していています。一八八六年生まれのフルトヴェングラーもストラヴィンスキーやバルトークの曲を何曲も初演しています。つまり一九世紀の巨匠たちにとっては、クラシック音楽はけっして過去の音楽ではなく、同じ時代を生きる現代音楽だったのです。

またベートーヴェンやモーツァルトの音楽も、長い間、多くの聴衆に知られなかっただけに、かつての指揮者たちはそれらを演奏してその真価を聴衆に知らしめる使命も持っていました。ほとんどの聴衆にとって、音楽はレコードで鑑賞するものではなく、コンサートホールやオペラ劇場で聴くものでした。巨匠たちの残した録音の多くは古ぼけた貧しい音ですが、そこに音楽が生きていた時代を感じるのはそういう理由です。

しかし時は過ぎ去りました。今や「現代音楽」の多くが聴衆からそっぽを向かれました。クラシック音楽が同時代性を失ったと同時に、指揮者の時代もまた終焉を迎えた、と私は思っています。

現代の多くの指揮者は、この一〇〇年さんざん演奏され尽くされ、また聴衆にとっても周知の「名曲」ばかりを十年一日のごとく振り続けています。彼らはもしかしたら生まれてくるのが一〇〇年遅かったのかもしれません。

第二章

自然・宇宙

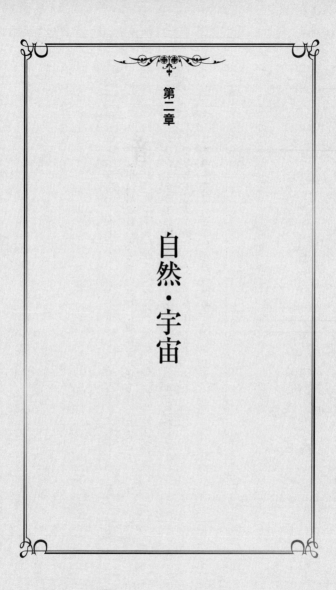

音楽は周波数の違う音の並びと組み合わせで作られています。それはきわめて人工的なものであるにもかかわらず、クラシック音楽には、宇宙や自然を表現したのかと思わせるような摩訶《まか》不思議な曲がいくつも存在します。

この章では、そうした六つの曲を紹介します。

バッハ「平均律クラヴィーア曲集」

有名ピアニストたちが平伏《ひれふ》す、息子のための練習曲

天才は天才のみぞ知る

「バッハは小川ではなく大河だ」と言ったのはベートーヴェンです。バッハ（Bach）という綴りはドイツ語で「小さな川」を意味することから言った洒落《しゃれ》ですが、今日「音楽の父」と言われる大バッハことヨハン・セバスティアン・バッハ（一六八五—一七五〇。以下バッハ）も、当時は半ば忘れ去られようとしている作曲家でした。それだけにバッハの凄さを実感していたベートーヴェンはさすがと言えます。

バッハの音楽には大きな特徴があります。それはポリフォニー（多声音楽）に徹して作曲していたことです。クラシック音楽に馴染《なじ》みのない方はポリフォニーと言ってもわから

ないかもしれませんが、乱暴に言ってしまえば、二つ以上のメロディー（この場合、声部《せいぶ》と言う）が同時に進行する音楽です。

ポリフォニーの対極がホモフォニー（和声音楽）です。ホモフォニーはこれまた乱暴に言えば、伴奏の上に一本のメロディーがある音楽です。もの凄く沢山の音があっても、旋律が一つで、それ以外の音は伴奏であったりベースであったりするのは基本的にホモフォニーです。ちなみに今日のポップスのほとんどがホモフォニー音楽です。この二つの音楽をドラマに喩えると、ポリフォニーは、多くの登場人物が複雑に絡《から》み合う物語と言えます。いっぽう、ホモフォニーは、主役が一人いて、それ以外の登場人物は脇役という物語です。

ところで、ポリフォニー音楽は聴き取るのにちょっとした訓練が必要になります。特に現代のホモフォニー音楽に慣れた人には、複数のメロディーを同時に耳で追うのはなかなか難しい。実はこれはバッハの時代も同じで、しかもこの時代はホモフォニーであるバロック音楽が全盛をきわめていました。一七〇〇年頃にはすでにポリフォニー音楽は古臭くて、やたらアカデミックで難解なものとして一般の人々から敬遠されていたのです。

しかしバッハはポリフォニーこそ真の音楽だという信念を持っていたように思います。

彼は時代に背を向け、ひたすら自らの信ずる音楽を書き続けました。ゆえにバッハは同時代の人々からは受け入れられず、彼の死と共にその名も忘れられ、多くの楽譜が散逸しました。

バッハの死から三二年後、当時、天才の名をほしいままにしていた二六歳のモーツァルトが、ある楽譜収集家のライブラリーで、古い楽譜を見つけました。「二四の前奏曲とフーガ」（全二巻）と名づけられたその楽譜を眺めているうちに、モーツァルトは愕然とします。なぜならそこにはこれまで見たことがないとんでもない音楽が書かれていたからです。「自分には書けない音楽はない」と父への手紙に自信溢れる言葉を書いていたモーツァルトは、この音楽をも自分のものに取り入れようとします。その証拠にこの時期の彼の曲には、バッハのようなフーガ（後述）およびポリフォニーを目指した曲が目立ちます。しかしそれらの多くは失敗に終わり、また未完に終わったものも少なくなく、彼はついにその世界に向かうのを断念します。しかしバッハとの出会いは、ホモフォニックだった彼の音楽に大きな変化をもたらし、晩年のポリフォニックな傑作を生み出した元となりました。

天才モーツァルトの作風まで変えてしまったこの曲こそ、今日「平均律クラヴィーア曲集」と呼ばれているバッハの代表作の一つです。一九世紀の大ピアニスト、ハンス・フォン・ビューローによって「ピアノの旧約聖書」と名づけられたことは『クラシックを読む1』で書きました（「ピアノの新約聖書」と呼ばれているのはベートーヴェンの三二曲のソナタ）。

　ところでこの曲のタイトルになっている「平均律」という言葉ですが、平均律の話を本格的にすると本一冊くらい必要になりますから、ここでは思い切り乱暴に説明します。

　音というのは、周波数が倍になると一オクターブ上がります。ピアノはそこに八つの白《はっ》鍵《けん》と五つの黒鍵《こっけん》がありますが、昔はクラヴィーア（鍵盤楽器の総称）を調律する時は、和音が美しく響くように純正律《じゅんせいりつ》という調律法を用いていました。これはドミソの周波数の比率がきっちり整数比になります。ところが、この調律法だと自由に移調《いちょう》や転調《てんちょう》ができません。純正律で調律すると、弾ける調性《ちょうせい》が限られてくるのです。そこで和音が汚《きたな》く濁《にご》ってもいいから、一台の鍵盤楽器ですべての調性が弾けるようにと調律されたのが「平均律」です。

　今日、私たちが聴いているクラシックもポップスもすべて「平均律」の音です。だからもしタイムマシンで一八世紀の音楽家を現代に連れてきて、ピアノを聴かせたら、「和音が濁っている！」と言うでしょう。でも私たちは現代のピアノを聴いても和音が濁っているとは思いません。私たちの耳は濁った和音に慣らされてしまっているからです。この「平均律」という考え方が導入され始めたのは、バッハの時代です。彼が用いた調律法はよくわかっていませんが、現代の平均律にかなり近かったのではないかと言われています。

バッハは十二音技法に気づいていた⁉

バッハはこの曲を一二歳の長男ヴィルヘルム・フリーデマン・バッハのクラヴィーア練習のために作曲しました。同時に二四の長調と短調の調性感覚を身につけさせるためと、ポリフォニーを学ばせるために、すべての調性のフーガを書いています。

フーガというのは「遁走曲《とんそうきょく》」とも言います。同じ旋律を何小節か遅れて次々に追いかけていくものです。読者の皆さんも、小学校の音楽の授業で「カエルの歌」を追いかけながら歌うということをやりませんでしたか。あれは厳密に言うと、フーガの一種類の「カノン」と呼ばれるもので、先行する旋律とまったく同じ旋律を追いかけていくという形式ですが、フーガはもっと自由度が高いものです。主旋律は同じでも途中から旋律がどんどん変化します。その主旋律も、鏡のように上下を反転させたり。あるいは音符を反対から並べたり、小節数を倍にしたり、その逆の半分にしたりと、しばしば複雑な変化を伴《ともな》います。

そしてバッハは音楽史上もっとも優れたフーガの書き手です。その複雑さ、高度なテクニックは、他の追随を許しません。バッハは基本的に三〜五声《せい》でフーガを作曲しました。「声」というのは旋律のことです。つまり四声フーガという場合、四つのメロディーが同時に演奏されます。ご存じのように人間の手は二本しかありません。この二本の手で四つのメロディーを同時に演奏していくのです。テクニックはもちろんのこととして、演奏者の頭の中には四つのメロディーラインが完全に入っていないと演奏できません。

バッハ以外にもフーガを書いた作曲家は沢山いますが、バッハのフーガほど、大胆かつ繊細で深い精神性も内包した曲を書いた作曲家はいません。バッハのフーガは人間が作ったものとは思えないほどです。モーツァルトをして心底震えさせた凄みがここにあります。

「平均律クラヴィーア曲集」は第一巻と第二巻があり、全部で四八曲の前奏曲とフーガが書かれていますが、そのどれもが並の作曲家なら一生に一曲書けるかという傑作です。バッハというのは、私たちの想像をはるかに超えた天才です。

現代でも、世界最高峰のピアニストたちが、真剣にこの曲に挑《いど》みます。現代を代表するピアニストであるマウリツィオ・ポリーニもヴラディーミル・アシュケナージもダニエル・バレンボイムも、いずれも五〇歳を超えるまで、この曲をレコーディングしませんでした。三〇〇年も前の作曲家が幼い息子の練習曲として書いた曲が、二〇世紀最高のピアニストたちを平伏《ひれふ》させるのです。何という作曲家でしょうか！

またこの曲は有名なジャズ・ピアニストのキース・ジャレットやMJQ（モダン・ジャズ・カルテット）のジョン・ルイスもレコーディングしています。

私はこの曲を三〇年以上も聴いていますが、いまだに聴き尽くせたとはとても言えません。聴けば聴くほどに深みが見えてきて、その広がりは無限かとも思えるほどです。もっともカナダの鬼才ピアニスト、グレン・グールドは「フーガの偉大さに比べれば、前奏曲は取るに足りない」という意味のことを言っていますが、私は前奏曲も大好きです。第一巻第一番のハ長調の前奏曲などは、素晴らしい世界（曲集）へと誘《いざな》うまさしく「全曲の前奏曲」です。この曲はのちにシャルル・グノーが「アヴェ・マリア」に編曲したことで多くの人にも知られています（ただしすこし版が違う）。ちなみにこの曲は、ピアノが弾けない私の数少ないレパートリーの一つです。息子のクラヴィーア練習用に書かれた曲集ですが、もしかしたら最初の前奏曲は特別に易しく書いたのかもしれません。

　全四八曲の「前奏曲とフーガ」の中で、私がもっとも好きな曲は、第一巻の最後を飾るロ短調のフーガです。このフーガ主題には一オクターブの中のすべての音（七つの白鍵、五つの黒鍵）が使われています。次ページに楽譜を載《の》せているので、手元にピアノがあればぜひ弾いてほしいのですが、はじめてこのメロディーを聴く人は驚くに違いありません。おそらく奇妙な現代音楽のように聴こえるでしょう。この旋律は厳密にはロ短調ですが、凄まじいばかりに半音階が使われていて、ほとんど無調性のように聴こえます。二〇世紀はじめにアルノルト・シェーンベルクが提唱した十二音技法（ドデカフォニー）は、オクターブの一二の音をすべて使っていっさいの調性を持たない旋律法で、音楽史上に残る画期的な発見と言われていますが、実はバッハは約二〇〇年も前にその一歩手前まで来ていたのです（十二音技法についてはモーツァルト「三大交響曲」でも説明）。

　これは私の想像にすぎませんが、おそらくバッハは十二音技法の原理を知っていたのだと思います。しかし十二音技法だけでは美しい音楽にならないことも同時に知っていたのではないでしょうか。だからこそ、その一歩手前で踏みとどまったのです。

バッハ「平均律クラヴィーア曲集」第1巻の最後を飾るフーガ

　私は若い頃、携帯電話の着信にこの主題を電子音で打ち込んで入れていたことがあります。この着信音を聴いた人は例外なく、「何、その気持ち悪い音楽は？」と訊きました。中には「百田さんが無茶苦茶に打ち込んだ音？」と訊く者もいました。私はその反応を聞くたびに、バッハの持つ音楽の凄みは誰でも感じることができるのだなと思って、一人ほくそ笑んでいました。

　余談ですが、一九七七年に地球外生物へ向けて宇宙へ送った、アメリカの宇宙探査機ボイジャー一号には、人類の偉大な音楽遺産を録音したレコードが積み込まれましたが、この中に第二巻のハ長調の前奏曲とフーガの演奏が収められています（演奏はグレン・グールド）。宇宙人に聴かせる音楽としてふさわしいと考えたのでしょう。その発想はわかる気がします。なぜならバッハの音楽はまさしく「宇宙的」だからです。

生涯をバッハに捧げたヴァルヒャの名演

「平均律クラヴィーア曲集」はそもそもチェンバロのために書かれた曲で

すが（バッハの時代にはピアノがなかった）、今日、多くのピアニストがピアノで演奏していいます。個人的な好みを言えば、表現力豊かな現代のピアノで演奏するほうがよりいっそう魅力的だと思っています。

私の一番のお気に入りはフリードリヒ・グルダの演奏です。比較的乾《かわ》いたタッチで颯爽《さつそう》と弾きながら、ポリフォニックな魅力もたっぷり出しています。

世評に高いグレン・グールドの演奏は面白いことは面白いですが、いささか作為的な部分も少なくありません。しかしフーガの演奏はさすがです。ここで彼はピアノでチェンバロ的な音を出そうと、スタッカート（音を一音一音切って演奏する奏法）に近い音を出しています。

スヴャトスラフ・リヒテルの演奏は、バッハの中にあるロマンティシズムな魅力をとことん引き出したような演奏で、グールドとは対照的にレガート奏法で弾いています。これは夢幻的とも言える魅力に満ちています。

古いところではエトヴィン・フィッシャーの演奏も魅力的です。録音されたのは一九三〇年代でありながら、グールドを先取りしているかのような現代的な感覚に満ちています。ただし音は恐ろしく悪い。

他にもタチアナ・ニコラエヴァ、ロザリン・テューレック、ヴラディーミル・アシュケナージ、ダニエル・バレンボイムなどの演奏も素晴らしい。変わったところでは、即興演奏で知られるジャズ・ピアニストのキース・ジャレットも弾いていますが、演奏そのものはわりと平凡です。

チェンバロ演奏なら、グスタフ・レオンハルト、ヘルムート・ヴァルヒャが素晴らしい。生涯をバッハに捧げた演奏家ヴァルヒャは幼い頃に失明し、その後、驚異的な努力でオルガンを含むバッハの膨大な鍵盤音楽をすべて記憶し、それらを全曲演奏した驚くべき鍵盤音楽家です。その演奏に耳を傾《かたむ》けると、バッハへの深い想いが伝わってきます。

バッハ「無伴奏チェロ組曲」

パブロ・カザルスが再発見した、チェロの名曲

写譜し続けたバッハの妻

私は深夜に仕事をすることが多いですが、仕事中はいつもクラシック音楽のCDをかけています。防音が施されている部屋なので、大音量の曲もよく鳴らしています。しかし仕事で疲れた時には、大オーケストラの交響曲や管弦楽曲のCDはかけません。執筆で高ぶった気持ちを鎮めるには、静かな室内楽曲がいいからです。バッハ（一六八五―一七五〇）の「無伴奏チェロ組曲」はその中でも特にお気に入りの曲です。

この曲のタイトルからわかるように、これは一挺のチェロだけでできた曲です。ご存じのようにチェロは低音を鳴らす弦楽器です。音もヴァイオリンのように華やかではなく、

どちらかと言えば渋《しぶ》い感じです。しかも基本的に旋律線は一本なので和音にも限界があります。両手で弾くピアノのようにポリフォニックな世界は描けません。しかしバッハが独特のテクニックを用いて、それを可能にしているのは驚くべきことです。そして宇宙的な広がりを感じさせることに成功しています。たった一挺のチェロが大オーケストラにも匹敵するような広大な世界を表現しているのです。

「無伴奏チェロ組曲」のバッハの自筆譜は残っていません。しかし幸いなことにバッハの二番目の妻であるアンナ・マグダレーナの写譜が残っています。彼女の筆写譜は大量に残っていて、彼女がいかに夫の仕事を支えていたのかがわかります。しかも彼女の写譜は音符の書き方も筆跡もバッハにそっくりで、「無伴奏チェロ組曲」の楽譜も長い間バッハの自筆譜と考えられていたほどです。

アンナ・マグダレーナの生涯に関してはよくわかっていませんが、一三人の子供を産み、しかも大量のバッハの楽譜を写譜したことなどから考えると、バッハからも愛され、しかもバッハの仕事を支え続けた女性と思われます。

バッハは妻のために「音楽帳」を贈っています。今日、『アンナ・マグダレーナ・バッハの音楽帳』と呼ばれているもので、この中には「ゴルトベルク変奏曲」のアリアや、有名なト長調のメヌエット（「ラヴァーズ・コンチェルト」の原曲）もあります。

『バッハの思い出』（原題は『アンナ・マグダレーナ・バッハの日記』）という本がありま す。私の愛読書の一つですが、実はこれはエスター・メイネルという人物が書いた小説で す。なぜか日本では出版された時にアンナ・マグダレーナ・バッハ著となっていたことか ら、一部で偽作扱いされているのは残念です（今も日本の出版社からは、アンナ・マグダレ ーナ・バッハ著として出版されている）。

実は私も二十代ではじめて読んだ時は、彼女自身が書いたものとして読み、大いに感動させられました。しかしその後、小説とわかってあらためて読んだのですが、それでも素晴らしい小説だと思います。というのは、実際にアンナ・マグダレーナはこう考えて人生を送ったのではないかと思わせられる内容の深さがあるのです。本の中には、記録に残されているバッハの生涯が正確に盛り込まれていて、この本で彼の生涯を辿《たど》ることもできます。創作部分は主にアンナ・マグダレーナの心情部分です。

本の中には感動的なシーンがいくつもありますが、私は特に大好きなシーンがあります。それはバッハの弟子になったパオロ・サヴァチニという名のイタリア人少年のエピソードです。

ある日、パオロは裁縫《さいほう》をしているアンナを見てこう言います。

「奥さん、そんなとこに坐って針仕事なんかやっていてさ、旦那さんが天使の合唱隊でも頭をさげずにいられないような音楽をつくってるなんてことは、露ほども知らないんだね。（中略）ほんとに旦那さんのことを理解してるのかい。しかし、どんな女だって理解できるものじゃないや。旦那さんの着物を縫って、ご馳走《ちそう》をこしらえてりゃいいさ、それが一番ですよ！」（アンナ・マグダレーナ・バッハ著、山下肇訳『バッハの思い出』講談社学術文庫）

アンナはすこしむっとしてこう言いました。

「私は先生を愛していますよ。それに、たぶん、あなたが思っているよりもずっとよく理解しているつもりです」（同）

その途端、少年は「ごめんなさい」と謝《あやま》り、泣き出しそうな顔でこう言います。

「この音楽を聴くと、すっかりわけがわからなくなっちまうんです。そしてもう苦しくなるほど、先生が好きになっちゃうんだ」（同）

私はこのエピソードを読むたびに胸が詰まります。この話はおそらくはメイネルの創作でしょうが、ここにはバッハの音楽を聴いた誰もが感じるような心が描かれています。とても人間業《にんげんわざ》とは思えない凄まじい名曲を作る大天才が、世間の多くの男たちと同じように妻がいて、普通の日常生活を送っているということは、見様によってはとても不思議な気がします。パオロにとっては、目の前の繕《つくろ》いものをしている女性（アンナ）が、その偉大な男の妻であるということが信じられなかったのだと思います。

これは後世の私たちも思うことです。人類史上に残る大天才の妻は、はたして自分の夫の偉大さを理解していたのだろうか、と。だから、このエピソードはメイネルが自らの気持ちをパオロという少年に託して書いたエピソードだと思います。

しかしアンナ・マグダレーナは夫の偉大さを十分に知っていたと思います。だからこそ二〇歳の時に、一六歳年上の、しかも四人の子供を持つ男やもめに嫁いだのでしょう。そして前述のように一三人の子供を産み（七人は早世している）、六人の子を育てながら、夫の楽譜を一生懸命に書き写したのです。

当時の主婦の仕事は、家電が揃っている現代とは比べものになりません。着るものでさえ、多くが妻の手縫《てぬ》いです。そんな生活の中、彼女は夫の楽譜を一生懸命に写していたのです。それは夫の楽譜の価値を本当に知っていたからにほかなりません。今日、彼女の写譜がなければ二度と聴くことができなかったバッハの曲は多い。それを思うと、私たちはアンナにどれほど感謝してもしたりません。

チェロ一挺で奏でられる広大な世界

「無伴奏チェロ組曲」に関してはもう一つ、バッハの弟子だったケルナーの写譜が残っています。しかし二つの写譜はいくつかの部分で異なっています。今日の研究によれば、ケルナーの写譜は初期のもので、アンナのものは後期にバッハが書き直したものと言われています。それだけに彼女の写譜は価値が高い。

もっとも写譜にはミスもありますが、これは避けられません。ベートーヴェンやモーツァルトの自筆譜でもミスはあります。私の原稿などは誤字脱字だらけです。文章の場合の誤字は誰が見てもわかりますが、音楽の場合は書かれた音符がミスかどうかの判断が非常に難しい。たとえその音が変な音に聴こえても、それが作曲家のあえて意図したものであるかもしれないからです。そのためクラシック音楽の作曲家の楽譜の校閲は現代でも多くの音楽学者によって研究され続けています。

アンナの写譜については批判的な意見もあります。彼女は歌手でチェンバロも弾きましたが、弦楽器には無知でしたから、「彼女が書いたスラー記号などは無視してもよい」などという意見もあります。しかし世界的チェロ奏者アンナー・ビルスマは、そうした意見に否定的です。彼女はできる限り夫の楽譜を正確に写したはずだと主張しています。

今日「チェロの旧約聖書」とも呼ばれるこの曲ですが、驚くべきことにバッハの死後一〇〇年以上、チェロのための練習曲と考えられてきました。あるいは何かの曲のパート譜ではないかとも見られていました。つまりそれだけで完成した曲とは見做されていなかったのです。シューマンなどはこの曲にピアノパートを書いたほどです。

時代は下って一八九〇年のある日、スペインのバルセロナでチェロを学んでいた一三歳の少年が楽譜店（楽器店、古書店の説もあり）でこの曲の楽譜を見つけます。その日以来、少年は毎日その曲を練習し、それを完全に自分のものとします。そして一二年後にパリで公開演奏します。その曲を聴いた多くの聴衆は、チェロ一挺で奏でられる広大な世界に魅了されました。そのチェリストの名前はパブロ・カザルス。二〇世紀最大のチェリストとして名を馳《は》せる彼は、楽譜を見つけた時の思いをのちにこう述懐しています。

「そんな曲があるとは知らなかったが、見た瞬間にとてつもないものを見つけたと直感した」

そしてカザルスの演奏以降、「無伴奏チェロ組曲」は大変な傑作として世の人々に認められていきました。

この話は演奏というものの持つ神秘的な力を感じさせずにはおきません。いかに優れた音楽でも、楽譜に書かれているだけではそれはただの音符にすぎません。それを実際に音にしてはじめて生命が与えられるのです。バッハの「無伴奏チェロ組曲」はパブロ・カザルスという不世出のチェリストによって生命を蘇《よみがえ》らせられました。今では世界のチェリストが生涯かけて弾く曲と言われています。

「無伴奏チェロ組曲」は全六曲からなりますが、曲の冒頭につけられた前奏曲を除いてはすべて舞曲からできています。しかし私たちがイメージする踊りのための曲ではありません。舞曲の名を借りた純粋音楽です。そして、チェロという一挺の楽器だけで書かれたものにもかかわらず、すべてに「宇宙的」とも思える広がりがあります。上下左右の区別がない無重力空間の中に漂うような不思議な魅力があります。

以下、曲の内容を簡単に記します。第一番の前奏曲は単純な旋律が分散和音風に上下するだけの音楽ですが、これから始まる広大な世界に誘うような曲でもあります（「ピアノの旧約聖書」と呼ばれる「平均律クラヴィーア曲集」の第一番の前奏曲にも同じものを感じる）。ここからさまざまな音の万華鏡が繰り広げられるのですが、聴いていると、とても一挺のチェロで演奏している曲とは思えません。その内容の深さもまた尋常ではない。大袈裟ではなく、「人類の遺産」と言っても過言ではないと思います。

第二番は内省的で地味な曲ですが、内容は深い。第三番は一転して明るく力強い曲で、もっとも人気の高い曲です。第四番はエキゾチックな曲で、実は私のお気に入りでもあります。第五番は短調で、全体に晦渋《かいじゅう》な雰囲気に満ちていますが、聴けば聴くほど味が出る哲学的な曲です。第六番はバッハが考案したとされるヴィオラ・ポンポーザという楽器のために書かれた曲とも言われていて、チェロでは演奏が困難な高音が使われています。非常に華やかな曲で、楽器を超えたスケールの大きな傑作です。私が組曲中、もっとも好きな曲です。

技術を超越したパブロ・カザルスの名演

この曲もまた名盤の宝庫ですが、まずはこの曲を世に見出したパブロ・カザルスの演奏はぜひ聴いてもらいたい。録音は八〇年前のもので、音もひどいし、技術的には現代のチェリストに敵《かな》いませんが、しかしこの演奏にはそんなものを超越した凄さがあります。自信を持って名演と断言します。

ヤーノシュ・シュタルケルの録音も素晴らしい。彼は四度、全曲録音していますが、最初に録音した一九五〇年代のモノラル録音（全曲録音ではない）がとにかく凄まじい。

ピエール・フルニエ、ポール・トルトゥリエ、ムスティスラフ・ロストロポーヴィチ、ヨーヨー・マ、ハインリヒ・シフ、アンナー・ビルスマ、鈴木秀美《すずきひでみ》の演奏も、文句のつけどころのない名演です。それぞれが個性豊かな演奏ばかりで、どれを選ぶかは好みとしか言いようがありません。

またこの曲は他のバッハの曲と同じく、他の楽器で編曲・演奏されることも多い。今井信子《いまいのぶこ》のヴィオラによる全曲盤は原曲より一オクターブ上げて弾いているので、チェロよりいっそう華やかな響きがあります。山下和仁《やましたかずひと》によるギター全曲盤（彼は無伴奏ヴァイオリンのソナタとパルティータ全曲盤もある）も素晴らしい。チェロでは十全に描き切れないポリフォニックな響きが表現されています。面白いのは清水靖晃《しみずやすあき》によるテナー・サキソフォンによる演奏です。チェロとはまったく異なった響きながら、すこしも原曲の魅力を損《そこ》なっていないばかりか、チェロには表せない不思議な魅力を醸《かも》し出しています。今さらながらバッハの凄さに感服するばかりです。

ベートーヴェン「交響曲第六番《田園》」

生きていることに感謝したくなる、神がかった名曲

型破りで革命的な曲

クラシック音楽にはいくつもの超有名曲があります。それらは通販などでよく見るクラシック音楽のCDボックスなどでは定番曲として必ず入っていて、しばしばクラシック音楽入門曲の位置に置かれることもあります。いっぽう、マニアからは「ポピュラーすぎる」という理由で、どこか軽い扱いを受けています。しかし、実はそんな超有名曲こそ、真に名曲であるケースが多い。

ベートーヴェン（一七七〇―一八二七）の「交響曲第六番《田園》」もその一つです。

この曲は彼の六番目の交響曲で、「同第五番《運命》」を書き上げた直後に作曲されまし

た（ちなみに初演の時は番号が逆だった）。かつてはこの二曲は同時に作られたと言われていましたが、最近の研究によれば、そうではないことがわかっています。以前は、まったく対照的とも言える二つの曲を同時に作ったのは、ベートーヴェンが精神のバランスを取るためだったのではないかと言われていましたが、今日その説は大きく後退しています。

しかし彼の交響曲が、初期の二曲を除いて、奇数番号と偶数番号では性質が大きく異なるのは注目すべきです。「第三番《エロイカ》」「第五番《運命》」「第七番」「第九番《合唱付》」は、いずれも激しく闘争的で男性的な曲ですが、「第四番」「第六番《田園》」「第八番」は逆に優美で女性的な曲です。これは偶然とは思えません。

ベートーヴェンは運命と格闘するような激しい交響曲を作ったあとは、自らの闘争心を鎮めるような優しい交響曲を必要としたのではないかと思います。まして音楽史上でも稀なる激しい曲（《運命》）を書いたあとです。私は個人的に《田園》は「戦士の休息」の音楽と考えています。

しかしけっして息抜きで作った軽い曲ではありません。《田園》はベートーヴェンという天才が書いた革命的な曲なのです。《運命》はある意味、厳格な形式で作られていますが、《田園》は構造そのものが型破りです。古典的な四楽章形式ではなく、五楽章形式というのも珍しいですが（ベートーヴェンの交響曲では唯一）、後半の三つの楽章は切れ目なしに演奏され、それ自体が一つのドラマのように作られています。

また《田園》というタイトルは作曲者自身によってつけられました（ベートーヴェンの曲に愛称がある曲は多いが、そのほとんどは後世の誰かによってつけられたものである）。そのうえ彼はそれぞれの楽章にもドイツ語で標題をつけました。

第五楽章だけでも聴いてほしい

《田園》はその名の通り、田園風景のイメージを交響曲で表現した音楽です。ベートーヴェンは《運命》で形而上《けいじじょう》の世界を描いたあと、《田園》で具体的なイメージの世界を描きました。これはそれまで誰もやらなかったことです。彼は《田園》で交響曲の可能性を大きく広げました。そしてのちの「ロマン派」と言われる作曲家たちに多大な影響を与えました。その意味でも《田園》は記念碑的な曲と言えます。

第一楽章は「田舎に到着した時の愉快な感情の目覚め」です。

冒頭のヴァイオリンで奏される優美なメロディーは、まさに標題の気分を表しています。ただ、これは田園風景の表面を描写しているだけの音楽ではありません。田園と聞いて誰しもが思い浮かべる心象風景を表しています。それに音楽はあくまで古典的なソナタ形式で純音楽的に書かれています。

この第一楽章の何と大らかなことでしょうか。叙情的で美しく流れるような音楽に身を浸すだけで、心からの安らぎを覚えます。ベートーヴェンの曲でこのような音楽は非常に珍しい。楽章全体を通じて「タッタラタッタ」というリズムが徹底して使われています。このあたりは《運命》の「ダダダダーン」というリズムを徹底して使ったのと同様です。

第二楽章は「小川のほとりの情景」です。

ここで音楽はさらにロマンティックなものとなります。長調ではありますが、時として切ない調べが顔を覗《のぞ》かせるのがたまりません。それは私たちが自然の中を歩いている時に、ふと感傷的な気持ちが胸をよぎるのに似ています。

面白いのは、ベートーヴェンがこの楽章のコーダにおいて、小鳥のさえずりを音楽で象徴していることです。フルートがサヨナキドリ、オーボエがウズラ、クラリネットがカッコウの鳴き声を表し、それらが互いに鳴き声を交《か》わします（これは彼自身が楽譜に書き入れている）。しかしこれらはけっして鳥の鳴き声を音でなぞったものではありません。鳴き声はあくまでイメージです。というのはベートーヴェンの耳はこの頃、すでに小鳥のさえずりを聴くことができなかったからです。つまりこの楽章における鳥の鳴き声は、ベートーヴェンがかつて自然の中で聴いた鳥たちの声の記憶なのです。彼は心の中の記憶を辿り、鳥たちの声をこの楽章に入れたのです。

第三楽章は「田舎の人々の楽しい集《つど》い」です。

全体が快活な舞曲風で、田舎の人々が踊っているような感じの曲です。木管楽器《もっかん》のかけあいが人々の楽しげな語らいや歌を表しているかのようです。しかし陽気な音楽は次第に翳《かげ》りを帯びてきます。晴れ渡っていた空が徐々に暗くなってくるような重苦しい雰囲気が漂い始めます。遠くに雷鳴が鳴り、嵐が近づいてくるのがわかります。そして音楽はそのまま切れ目なしに、第四楽章へとなだれ込みます。

第四楽章は「雷雨、嵐」です。

前の第三楽章から音楽は急転し、激しい嵐がやってきます。この部分の描写は見事の一語に尽きます。まさに「嵐」そのものの音楽です。過去、多くの作曲家が「嵐」を音楽で描写しようと試みてきましたが、誰もベートーヴェンがやったようにはできませんでした。激しい風雨をチェロとコントラバスが、轟く雷鳴をティンパニとトロンボーンが、凄まじいまでに描き出しています。驚くのは、視覚的な稲妻までも描写していることです。

ベートーヴェンの想像力と音楽的な力の恐ろしさをまざまざと知らされる楽章です。嵐はやがて静まり、雷鳴も次第に遠くになっていきます。音楽はそのまま切れ目なしに終楽章（第五楽章）へと続きます。

第五楽章は「牧歌 嵐の後の喜ばしい感謝の気持ち」です。

この楽章こそは全曲の白眉《はくび》です。雷雲と嵐が過ぎ去ったあと、再び明るい日差しに包まれた世界の何と美しいことでしょう。ここには祈りと感謝があります。

標題は「嵐が去ったあとの平安に対する感謝」となっていますが、音楽はもっと深いところまで表現していると思います。私はここには自然そのものに対する敬虔な感謝の気持ちを感じます。宗教的とも言える音楽です。ベートーヴェンは晩年、ピアノソナタと弦楽四重奏曲で、神の前に跪《ひざまず》くように感謝と喜びの気持ちを捧げる音楽を書いていますが、壮年期にもこのような音楽を書いていたことに驚きを覚えます。私はこの楽章を聴くたびに、深い感動に襲われます。そして自分が今生きていることに、心から感謝したい気持ちになります。第一楽章から第四楽章までももちろん傑作ですが、この第五楽章は大袈裟な言い方を許してもらえるなら、神がかった名曲であると思います。

《田園》は全曲を演奏すると四〇分はかかる長い曲です。そのため名前は知っていても、全曲を通して聴いた人はそれほど多くはないはずです。入門ＣＤを買っても、第三楽章あたりで集中力が切れ、この最高に素晴らしい楽章まで辿り着けない人が少なくないのではないでしょうか。これは非常にもったいない。ベートーヴェンという天才が作った最高の曲のエッセンスを味わわないのは実に惜しい。この拙文を読んでくださっている読者の皆さんで、《田園》のＣＤは持っているが全曲をじっくり聴いたことがないという方がいらっしゃるなら、今すぐにでも第五楽章だけでも聴いてもらいたいと思います。

ただ、本当の魅力を味わうためには、やはり全曲を通して聴くべきです。ベートーヴェンの交響曲は、全曲が一つの物語のようになっているからです。特に第三楽章から第四楽章、そして第五楽章に至るドラマは非常に完成度が高いのでなおさらです。

ところで《田園》というタイトルですが、日本人だとここから受けるイメージは水田風景ですが、おそらくベートーヴェンの中のイメージはかなり違うと思います。もっと人の手の入っていない生《なま》の自然に近いようなものだと思います。

ベートーヴェンは自然を愛しました。時間があれば森や山の中を散策しました。しかしのどかな小径《こみち》を歩くのではありません。道なき道に分け入り、時には小川に足を踏み入れ、そのため帰宅すると、服が泥だらけになることもしばしばだったと言われています。

彼のスケッチ帳には、こんな文章が残されています。

「森の中の全能者よ！　森にいて私は幸福である。一つ一つの樹が（神よ）おんみを通じて語る。おお、神よ、何たるすばらしさ！　この森の高いところに静かさがある——神に仕える静かさが」（ロマン・ロラン著、片山敏彦訳『ベートーヴェンの生涯』岩波文庫）。

《田園》は、ベートーヴェンが畏敬する自然に捧げた感謝と祈りの賛歌なのです。

フリッツ・ライナーの悠然たる演奏

この曲も昔から多くの名指揮者が名演を残しています。曲があまりにも素晴らしいので、一流の演奏家なら誰が演奏しても十分満足できます。もっとも私の個人的な好みは、ゆったりとした演奏です。ブルーノ・ワルター指揮コロンビア交響楽団、フリッツ・ライナー指揮シカゴ交響楽団、レナード・バーンスタイン指揮ヴィーン・フィルハーモニー管弦楽団の演奏に惹かれます。ワルターは昔から名盤とされていましたが、古き良き時代を思わせる名演奏だと思います。ライナーは普段は非常にきびきびした演奏をする人ですが、この曲では悠然と演奏しています。妙な言い方ですが、堂々たる《田園》です。

録音は古いですが、ヴィルヘルム・フルトヴェングラー指揮ヴィーン・フィルハーモニー管弦楽団の演奏もいい。特に第五楽章は圧巻です。

ヘルベルト・フォン・カラヤン指揮ベルリン・フィルハーモニー管弦楽団（三種類ある）は、一九六〇年代の録音は「高速道路に乗って田園を走っている」と皮肉っぽく言われた演奏ですが、今聴くと、とても爽快な演奏です。二度目の一九七〇年代の録音は「嵐」の迫力が凄い。

アンドレ・クリュイタンス指揮ベルリン・フィルハーモニー管弦楽団の演奏も、古典的な造形美を守った素晴らしい演奏だと思います。

ピリオド楽器だとクリストファー・ホグウッド指揮のエンシェント室内管弦楽団の演奏がいい。

ブルックナー「交響曲第八番」

〝情けない男〟が作った、スケールの大きな曲

ベートーヴェンも及ばない壮大さ

クラシック音楽は、曲が作曲家の人間性を表しているところがあります。シューベルトを聴けば、誰もが心優しい孤独な男を思い浮かべるだろうし、ベートーヴェンの中期の傑作群を耳にすれば、困難に立ち向かう不屈の男を容易にイメージできます。ショパンからは薄幸で繊細な芸術家を連想できます。もっともこれは実像に照らし合わせたあとづけのイメージも相当ありますが、それでもその曲にはやはり作曲家の性格や人間性が顔を出すものです。

ところが面白いことに、人間性が想像もつかないような音楽を書いた作曲家が何人かい

ます。その代表的な人物がアントン・ブルックナー（一八二四―九六）です。

ブルックナーは私がベートーヴェン以降の「最大の交響曲作曲家」と思っている音楽家ですが、彼の凄さを知るには「交響曲第八番」を聴いてもらえばいいでしょう。私は大学生の時、この曲を聴いて大きなショックを受けました。これほどスケールの大きな音楽を聴いたことがなかったからです。ベートーヴェンやブラームスも及ばないような大伽藍《だいがらん》のような曲でした。

構造そのものがとてつもなく巨大で、演奏時間も一時間二〇分は優にかかります。版にもよりますが、ゆったりした演奏だと一時間半を超えます。内容はきわめて深遠、広大で、まさに宇宙を連想させます。これほどの曲を文字で説明するのは無理がありますが、あえて解説を試みてみましょう。

第一楽章はゆっくりと開始しますが、やがて激しく力強い音楽となります。しかしけっして荒々しくはなりません。時に優美に、時に力強く、寄せては返す波のように、高揚と沈潜《ちんせん》を繰り返しながら、最後は静かに消えるように終わります。

続く第二楽章のスケルツォは、「野人」と言われたブルックナーらしい不気味で奇妙な旋律が楽章を支配します。中間部のゆるやかで幻想的なトリオの部分を経《へ》て、再び激しい音楽が暴れ回ります。

第三楽章では一転して深い瞑想の世界に入ります。この楽章は「幽玄の美」と呼びたくなるほど美しいものです。まさに夢のような世界ですが、いっぽう、きわめて視覚的でもあります。個人的な感想で申し訳ありませんが、私には、アルプスの尾根から下界を見渡しているようなイメージが浮かびます。それと同時に時間が止まったような感覚も味わいます。実に不思議な音楽です。中間部で数台のハープがこの世のものとは思えないほどの美しい音色を響かせます。

圧巻は終楽章です。ブルックナーの音楽はしばしば「宇宙の鳴動」とも言われますが、この楽章の冒頭などは、その喩えがすこしも大袈裟でないように思います。天地が震え、原始の地球の誕生を思わせるような壮大な音が鳴り響きます。二〇分を優に超える巨大な楽章で混沌とした世界が描かれます。それは次第に巨大な姿をもって目の前に現れます。やがて神秘的とも言えるコーダを迎えますが、このコーダの素晴らしさには言葉を失います。ブルックナーは終生ヴァーグナーを尊敬していましたが、このコーダの巨大さはヴァーグナーを超えたと言っても過言ではありません。まさしく驚天動地の交響曲です。

“情けない”エピソードの数々

ブルックナーは非常に前衛的な作曲家で、当時の聴衆にはなかなか理解できない音楽を書き続けました。「交響曲第三番」の初演では、楽章が終わるたびに聴衆が席を立ち、終楽章が終わった時には客席はガラガラだったと言います。にもかかわらず、彼は頑固《がんこ》なまでに自分のスタイルを変えませんでした。

さて、皆さんはそうした作曲家からどういう人間を想像するでしょうか。確固たる自信家？ あるいは、他人の評価などは耳も貸さない頑固な性格の男？ あるいは、劣等感の裏返しから来る傲然《ごうぜん》たる態度を取る男？ 残念ながら、いずれも違います。

ブルックナーは生涯にわたって自信の無さを臆面もなく曝《さら》け出し、批評家や友人たちに作品を酷評されるたびに、彼らの忠告を無批判に受け入れ、生涯にわたってせっせと自作の書き直しに励んだ男なのです。前述の「交響曲第三番」も初演の二年前に一度演奏が計画されましたが、オーケストラに「演奏不可能」として拒絶され、その後、大改訂をしています。それでも初演が大失敗して、自信を失った彼はその後一年間も作曲活動をしなかったほどです。

その後もブルックナーは作曲するたびに酷評され、はじめて成功を収めたのは、何と「交響曲第七番」を書いた五九歳の時でした。それでも彼は、自作に確固たる自信を持つことができず、七二歳で死ぬまで他人の評価に振り回されました。

教会のオルガニストであったブルックナーは学《がく》も教養もなく、本もあまり読みませんでした。有名な話ですが、彼の愛読書は聖書を除くと、『メキシコ戦史』と『北極探検の世界』、そしてハイドン、モーツァルト、ベートーヴェンの絵入り伝記でした。文学的な素養はゼロに近いものであったにもかかわらず、自作の各楽章に文学的な解説を入れる癖がありました。しかし彼の自作解説くらい無意味で馬鹿馬鹿しいものはありません。

たとえば「交響曲第八番」の終楽章の冒頭は、彼自身によれば、「オルミュッツ（チェコの都市名）における皇帝陛下とツァーリの会見」を描いたものであり、「弦楽器はコサックの進軍、金管楽器は軍楽隊、トランペットは皇帝陛下とツァーリが会見する時のファンファーレを示す」というものらしいですが、音楽を聴いてもそんなものはまったく想像もできません。もちろん現代においてもブルックナーの自作解説をまともに受け取る演奏家やファンは皆無です。ブルックナーの自作解説を読むと、彼自身が自分の作品を理解していないのではないかと思うほどです。

クラシック音楽の作曲家には奇矯《ききょう》なエピソードを持つ人が少なくありません。それらのエピソードの多くは一種の狂気を帯びたものや、またどこか天才らしいユーモラスなものですが、ブルックナーの場合は心から笑えないものが多いのです。たとえば多くの焼死者が出た火事場に喜んで行くとか、殺人者の裁判に傍聴に行くとか、自分が勤めている教会の前を気に入った女性が通ると声をかけて住所を聞いたり、その女性に自作の交響曲について説明しだしたり、あるいは六〇歳を超えても初対面の十代の少女に真剣に結婚を申し込んで少女や親を困らせたり、といった類《たぐ》いのものです。ちなみに彼は亡くなるまで童貞であったとも言われています。

また敬愛するヴァーグナーにはるばるヴィーンからミュンヘンまで会いに行った折、自作の「交響曲第二番」「同第三番」のスケッチを見てもらい、「第三番がいいね」という感想をもらうと、大喜びで帰郷して二つの曲を完成させたあと、ヴァーグナーに褒《ほ》めてもらった曲を彼に献呈しようと思ったものの、どちらを褒めてもらったか忘れてしまい、手紙で「第三番でしたか？」と訊《たず》ねるというしまりのないこともしています。

彼はまた日常生活においても、服のボタンはたいていどこか外れていて、左右に違う靴を履き、ズボンの前はいつも半分開いているというだらしなさでした。彼をはじめて見たヴァーグナーの妻コジマは、あまりに貧しい身なりに物乞《ものご》いと勘違いしたほどです。また一種の強迫観念の持ち主で、町を歩いていて建物の窓の数が気になると全部数えずにいられなくなったりもしました。しまいには、ドナウ川の浜辺の砂粒まで数えようとしたとも言われています。

二〇世紀の高名な社会学者コリン・ウィルソンは、ブルックナーのことをこう書いています。

「彼が、不思議なほど不幸な男で、いわばチャーリー・チャップリン的人物だったことがわかる。大工が梯子の上から落とすペンキ罐は、きまってこういう男にふりかかるのだ」
(コリン・ウィルソン著、河野徹訳『コリン・ウィルソン音楽を語る』冨山房)

とにかく人間ブルックナーのことについて書かれたものを読めば読むほど、常に人々の失笑を買う滑稽《こっけい》な変人のイメージしか浮かんできません。

ところが、です。こんな男がひとたび作曲に向かえば、これまで誰も書いたことがないほどの壮大な交響曲を書くのですから、これほど謎めいたこともちょっとありません。その音楽が内包する圧倒的なまでの巨大さは他に比肩《ひけん》する者がありません。まさしくブルックナーこそは、交響曲の世界でひときわ高く聳《そび》える高峰なのです。初演では酷評された

「交響曲第三番」も素晴らしい曲です。「第四番」も「第五番」も凄い。

不思議でならないのは、これほどの曲を生み出しながら、自作に対する自信や信念などは皆無なことです。他人から批判されるたびに修正する癖は生涯治らず、晩年になっても若い頃の作品をせっせと書き直しています。呆れたことに彼の最高傑作である「交響曲第八番」にも多くの手直しが入っていて、改訂版がいくつもあります。

これは彼のほとんどの曲に共通していて、おかげで、今日ブルックナーの演奏はかなり厄介《やっかい》なものになっています。ややこしいのはオリジナルであるはずの原典版でさえも複数あることです。ブルックナーは習作を除いて九つの交響曲を書き残していますが（「交響曲第九番」は厳密には未完）、もし自作の修正に夢中にならなければ、もっと多くの交響曲を書き残していたのは間違いありません。本当に残念でなりません。

ケント・ナガノ指揮の名演をＤＶＤで

「交響曲第八番」の名演奏は実に多い。優れた名曲は誰が演奏しても、たいてい素晴らしいものになるので当然ではあるのですが、この曲に関しては本当に名盤が勢揃いしているように思えます。古くはヴィルヘルム・フルトヴェングラーとハンス・クナッパーツブッシュ。前者はひたすら劇的で激しく、後者は悠揚《ゆうよう》迫らぬ大河のようであり、この二つはまさしく対極的な演奏ですが、ブルックナーの曲はそのどちらの演奏も受け入れてしまう器《うつわ》の大きさがあります。ただ、クナッパーツブッシュの演奏はブルックナーファンには人気の低い改訂版を使ったものですが、演奏の凄さがこれをカバーしています。

他には朝比奈隆、カール・シューリヒト、オイゲン・ヨッフム、ギュンター・ヴァント、ヘルベルト・フォン・カラヤンと、この曲を得意とする指揮者の演奏はどれもいい(以上の指揮者はライブ盤を含めて複数の盤がある)。

ただ、はじめてこの曲に接する方には、古いモノラルよりもステレオの音のいい録音をお薦めします。ブルックナーの交響曲は響きが重要だからです。最近、DVDでいたく感動したのは、ケント・ナガノ指揮ベルリン・ドイツ交響楽団の演奏です。ゆったりとしたスケールの大きな演奏で、オーケストラを捉《とら》えた映像も見事です。特に最終楽章のコーダは圧巻です。ナガノ自身が語るインタビューやリハーサルを含めたドキュメンタリー映像も一時間近くついていて、お得なDVDです。

ヨハン・シュトラウス二世「美しき青きドナウ」

父と戦い、勝利した「ワルツ王」の代表作

息子のデビューを妨害する父親

一九世紀のヴィーンでもっとも愛された音楽と言えば、交響曲でもピアノソナタでもなく、ワルツでした。宮廷や貴族の屋敷、町のレストランでも、ワルツは大人気でした。今でも、一月一日にヴィーンのムジークフェライン・ザールで行なわれる「ニューイヤー・コンサート」は、すべて一九世紀に書かれた「ヴィンナ・ワルツ」です。演奏されるのは、ヨーゼフ・ランナー、フランツ・レハール、ヨハン・シュトラウス一世、その息子ヨーゼフ・シュトラウスなど、ヴィーンで活躍して多くのワルツを書いた作曲家たちの曲ですが、圧倒的に多いのがヨハン・シュトラウス二世（一八二五—九九）のワルツです。

作曲家でもあり指揮者でもあったヨハン・シュトラウス二世（以下シュトラウス）が書いた曲は、ほとんどがワルツとポルカです（オペレッタはあるが、他の作曲家のように交響曲や協奏曲は書いていない）。その数はワルツとポルカを合わせると、三〇〇曲近く（ワルツは一七〇曲）に上り、まさしく「ワルツ王」の名にふさわしい。彼の艶《あで》やかでロマンティックなワルツはオーストリアだけでなく、ヨーロッパ中で演奏されました。その絶大な人気ゆえに、「ヴィーンのもう一人の皇帝」とも呼ばれたほどです。

シュトラウスの父であるヨハン・シュトラウス一世も、ワルツで一世を風靡《ふうび》した人気作曲家でした。ならば、息子はその七光りで世に出たんだなと誤解する読者がいるかもしれませんが、シュトラウスの場合は真逆でした。

父のヨハン・シュトラウス一世は非常に厳しい男で、自ら組織した楽団の帝王としてふるまい、すこしでも逆らう楽団員は容赦《ようしゃ》なく首にしました。彼はその姿勢を家庭にも持ち込み、家族にも平気で暴力を振るいました。シュトラウスは父のように音楽家になりたいと思っていましたが、父は「音楽家は安定しない仕事」と考えており、息子が楽器を習うことは許しませんでした。それでも当時の教養であったピアノを弾くことだけは大目に見ました。

シュトラウスは瞬《またた》く間《ま》にピアノが上達し、少年でありながら、近所の子供たちにピアノを教え、そのお金を貯《た》めてヴァイオリンを買いました。しかしある日、父はヴァイオリンを弾いている息子の姿を見て激怒し、その場でヴァイオリンを叩き壊しました。

父はその後、若い愛人のもとに走り、家に帰らなくなりました。母はシュトラウスにヴァイオリンを買い与え、音楽の道に進むことを応援しました。彼女がそうしたのは、息子を父以上の音楽家にして、見返してやりたいという気持ちがあったと言われています。

シュトラウスは父の楽団奏者にヴァイオリンを習いますが、それを知った父はその楽団員を即座に首にしました。しかしシュトラウスの音楽への情熱は冷《さ》めず、本格的に楽典《がくてん》(音楽の基礎理論)を勉強します。

そして一八四四年、一八歳の時、デビューコンサートを企画します。その前年、作曲家のヨーゼフ・ランナーが死去したことで、父はダンス音楽の第一人者となっていました。そこへ新たなライバルとして息子が名乗りを上げようとしているのを知った彼は、ヴィーンの有名なレストランなどに圧力をかけて、息子の曲を演奏させないようにしました。また多くの楽団員に息子の演奏会に協力しないように命じました。さらに新聞記者に息子の中傷記事まで書かせようとしたというから驚きです。ここまでするということは、もしかしたら父は、息子が自分を脅《おびや》かす存在になると恐れていたのかもしれません。というのは、シュトラウスと弟が子供の頃、ピアノ連弾をしているのを見て、その才能に驚嘆したという話が残っているからです。

シュトラウスは父の息がかかっていないレストランなどに営業をかけました。ただ、当時のヴィーンの法律では、プロの音楽家として働くには二〇歳になっていなければなりませんでした。そこで彼は役所に行き、「父が家庭を顧《かえり》みず、生活が苦しいために、私が母や弟の面倒を見なければならない」と涙を流して訴えました。おそらくこの涙は彼の演技であると思います。このシュトラウスの美談はヴィーン中に広まり、彼の評判は上がりました。

その年の一〇月、シェーンブルン宮殿近くの店で、シュトラウスのデビューコンサートが開かれました。演奏するのは、彼が集めてきた若い演奏家たちで組織した楽団でした。シュトラウスはヴァイオリンを弾きながら指揮をするという、父と同じスタイルで演奏しました。

このコンサートは大成功を収めました。多くの聴衆は輝くばかりの作曲と指揮の才能を持った一九歳の天才に魅了されました。ある新聞記者は新聞にこう書きました。

「おやすみランナー、こんばんはシュトラウス一世、おはようシュトラウス二世！」

この年、シュトラウスの母は夫に離縁状を突きつけ、正式に離婚しています。

こうして父と息子による「ワルツ戦争」が始まりましたが、やがて父は息子の恐るべき才能を認め、まもなく和解しました。これは実質的に父の降伏でしょう。

一八四九年に父が亡くなると、シュトラウスの天下となり、仕事の依頼が殺到しました。彼は舞踏会やレストランで引っ張りダコとなり、一晩で五つの会場の演奏会をはしごしたこともありました。父の楽団を吸収し、一時はシュトラウスの名を冠《かん》した楽団を五つ以上も持っていました。いろんな協会や団体が舞踏会を催す時には、必ずと言っていいほどシュトラウスに新曲依頼が来たので、演奏会以外の時間は常に新作を書き続け、移動中の馬車の中でも作曲していたほどでした。

しかしあまりの多忙に、ついに倒れ、一時は危篤状態になりました。それを見た母は弟たちに兄の代役で指揮をさせることを考え、その結果、二人の弟（ヨーゼフ・シュトラウス、エドゥアルト・シュトラウス）も有名な作曲家になりました。

聴衆は大喜び

シュトラウスのワルツは、「これぞ古き良きヴィーン」と呼びたくなるほど、典雅な魅力に満ちています。私はヴィーンに行ったこともなく、まして古きヴィーンなどは知りませんが、思わずそう言ってみたくなるほどに、その音楽には上品なユーモアがあり、優雅な気品に満ちています。当時の人々は舞踏会でシュトラウスの音楽に合わせて踊り、時には恋のBGMとしたことと思います。

今日、シュトラウスの音楽は、オペレッタは別にして、数分から一〇分ほどの短いワルツやポルカばかりで、高尚《こうしょう》を自任するクラシックファンからは「軽い音楽」として一段下げた見方をされます。

しかし、私はそうは思いません。確かに彼は交響曲や協奏曲などの大曲は作りませんでした。またピアノソナタや弦楽四重奏曲の世界にも足を踏み入れませんでした。しかし彼のワルツの世界は広大でとても深い。そこにはさまざまな色彩があります。朗らかな曲もあれば、悲しい曲もあります。情緒たっぷりのロマンティックな曲もあれば、激情的な曲もあります。とても一筋縄ではいかない曲ばかりです。また、舞踏会のために作られた曲でありながら、その内容は実用音楽を超え、芸術的、哲学的な内容を持っている曲もあります。

シュトラウスと同時代に活躍したブラームスは、当時、ベートーヴェンの正統な後継者と言われていた作曲家ですが、シュトラウスについてこう語っています。

「シュトラウスの音楽こそヴィーンの血であり、ベートーヴェン、シューベルトの流れを直接受けた主流である」

ヴァーグナーやマーラーやチャイコフスキーもシュトラウスを高く評価しています。

シュトラウスのワルツの名曲は数多く、ここではとてもすべてを紹介できません。そこで、彼の代表作「美しき青きドナウ」について取り上げたいと思います。

演奏時間は一〇分ほどの小品ですが、これはワルツという形を取った交響詩とも言える中身の詰まった曲です。ただ、作曲当時は踊りのための音楽という実用を超えた曲であったため、あまり人気はなかったと言います。しかしその後、多くの人々を魅了するようになり、現代では「オーストリアの第二の国歌」と言われるほどになりました。シュトラウス独特のすこし崩《くず》れた感じの三拍子のリズムがとろけるような雰囲気を醸し出す素晴らしい名曲です。

余談ですが、ニューイヤー・コンサートでは、最後にこの曲とヨハン・シュトラウス一世の「ラデツキー行進曲」が演奏されます。この時「美しき青きドナウ」の冒頭が流れると、聴衆が大喜びして拍手します。すると指揮者はいったん演奏を中断し、聴衆に向かって挨拶《あいさつ》する、という楽しい「お約束事」があります。

ちなみに「美しき青きドナウ」「皇帝円舞曲」「ヴィーンの森の物語」は「三大ワルツ」と呼ばれています。それに加えて、「朝の新聞」「芸術家の生活」「酒、女、歌」「千夜一夜物語」「ヴィーン気質」「南国のバラ」「春の声」は「十大ワルツ」と呼ばれています。いずれも素晴らしい曲です。私はその中で「皇帝円舞曲」と「酒、女、歌」に魅了されています。

フルトヴェングラーの苦笑い

シュトラウスのワルツは昔からヴィーン・フィルハーモニー管弦楽団の十八番《おはこ》です。ニューイヤー・コンサートを創設したクレメンス・クラウス指揮のCD、また同楽団のコンサートマスターであり、同コンサートの指揮を二五年も務めたヴィリー・ボスコフスキーのCDは古典的名演と呼ぶにふさわしい。

近年、同コンサートのライブ録音の多くがＣＤ化されていますから、さまざまな名演が楽しめます。ただ、面白いことに、このコンサートでの主役は指揮者ではなく、ヴィーン・フィルです。指揮者は何もしなくても、ヴィーン・フィルのプレーヤーたちが見事な演奏をしてくれるからです。

面白いエピソードを一つ紹介したいと思います。二〇世紀最大の指揮者ヴィルヘルム・フルトヴェングラーはベートーヴェンやブラームスやヴァーグナーなどの深遠な曲を得意にしましたが、なぜかシュトラウスの優美なワルツの演奏は苦手でした。しかしある時、ヴィーン・フィルの演奏会でワルツを見事に振りました。楽団員が「今日は上手に振りましたね」と言うと、フルトヴェングラーは苦笑いしながらこう答えたそうです。

「君たちの演奏に合わせて、指揮棒を振ったのだよ」

モーツァルト「三大交響曲」

謎多き、最後に書いた三つの交響曲

なぜ作ったのか？

モーツァルト（一七五六―九一）は生涯に交響曲を五〇曲以上も書いたと言われていますが、何作かは本人の作でないとされ、また現代では交響曲とは呼べないという作品もあって、研究者の間でも確定した数字はありません（七〇曲以上と言う研究者もいる）。番号つきの交響曲は昔から四一曲とされていますが、その中にも偽作が含まれていて、ややこしい。それはさておき、ここで紹介するのは、彼が最後に書いた三曲の交響曲です。

「交響曲第三九番」「同第四〇番」「同第四一番」の三曲は「三大交響曲」と呼ばれることもあります。この三曲は本来ならそれぞれ一節分を費《つい》やして語るべき傑作ですが、同時期に一気に仕上げたこともあって、今回は三曲をまとめて語ることにします。作曲年は一七八八年、亡くなる三年前の三二歳の時に、わずか七週間で書かれています。

この頃のモーツァルトの曲はヴィーンの聴衆からは完全に見放されていました。それは彼が聴衆の好む曲を作らなくなったからです。そのため予約演奏会を開こうにも、客が集まらない状況でした。収入は減り、生来《せいらい》の浪費癖もあり、借金で苦しむ日々でした。

この三曲の作曲については大きな謎があります。それは彼がなぜ突然、この三曲を書いたのかということです。モーツァルトはベートーヴェンと違い、基本的には、誰かから依頼されたり、あるいは演奏会を開くためでなければ作曲しませんでした。ところがこの三曲は誰からも依頼されず、演奏会で演奏された記録もありません（「第四〇番」だけは演奏記録があるが、作曲年ではない）。研究者たちは、記録には残っていない演奏会があったのだろうと考えていますが、モーツァルトの他の曲の場合、そのほとんどがどんな目的で書かれたのかわかっているのに、この三曲にはまったく記録がないというのは奇妙です。また彼の手紙の中にもそれらを暗示する文章がありません。これもまた珍しいことです。

そこで私は想像します――もしかしたらモーツァルトが自身の創作意欲の赴《おもむ》くままに書いたのではないだろうか、と。そう考えたくなるほど、この三曲はそれまでの交響曲とは一線を画すほどの傑作なのです。しかも三曲共にまったく似ていません。それぞれがまるで異なる世界を描いているのです。

「交響曲第三九番」——明るく優美、そして艶やか

まず「交響曲第三九番」ですが、オペラ「魔笛」の序曲を思わせる全合奏の和音のあと、定型通り序奏に続いて主題が奏されます。全体に明るくて、優美な曲です。第二楽章のアンダンテ（歩くような速さで）ではどこか物悲しい雰囲気を醸し出しますが、けっして暗くはなりません。

第三楽章のメヌエットは非常に魅力的です。異国風でどこかおどけるようでいて、それでいてうっとりするような不思議な曲です。表記はメヌエットとなっていますが、私はスケルツォに近いと思っています。彼の交響曲でこういうメヌエットは珍しい。これは個人的な好みですが、このメヌエットはテンポを落として演奏しては駄目だと思っています。メヌエットらしさを出そうとして優雅に演奏しようとすると、かえって曲の魅力を引き出せません。むしろ速いテンポで演奏してこそ魅力が出てくると思っています。もちろんあくまで私の好みです。途中にトリオ部分がありますが、これが実に艶やかで素晴らしい。

実は私はモーツァルトの交響曲のメヌエットの中で「第三九番」のメヌエットが一番好きです。

終楽章はスピード感溢れる小気味いい曲で、全編を爽《さわ》やかな風が駆け抜けるような楽章です。これもゆったりしたテンポでやられると、曲の雰囲気がまったく伝わりません。私は演奏に文句をつけるタイプではありませんが、この曲を鈍重なテンポで演奏するCDは途中で止めます。実際の演奏会ではそうはいきませんが、自宅でCDを聴く場合にはこれが許されます。

またこの曲は終わり方がいい。普通、交響曲のラストは仰々《ぎょうぎょう》しく決めることが多いですが、モーツァルトはそんなことはしません。さらっと格好良く終わります。これが彼の美学でもあったと思います。「第三九番」は次の「第四〇番」と「第四一番」の人気の陰に隠れて今一つ影が薄いですが、あとの二曲に優《まさ》るとも劣らない名曲です。三曲の中ではある意味、それまでの彼の交響曲に一番近い感じがします。

「交響曲第四〇番」——疾駆する悲しみ

「交響曲第四〇番」は「第三九番」と打って変わって、悲しみの音楽です。第一楽章は序奏なしにいきなり主題から始まります。それだけでも珍しいのですが、その主題が実に切なく、悲しみに満ちたメロディーなのです。しかし、しくしくと泣くようなメランコリックな悲しみではありません。彼の曲を表現する時にしばしば用いられる「疾駆する悲しみ」です。

このメロディーはもしかしたらモーツァルトの曲の中でもっとも知られているものかもしれません。そのイメージが強すぎるため、モーツァルトは短調の作曲家と思われている節《ふし》もありますが、彼は圧倒的に長調の作曲家であり、五〇曲を超える交響曲の中でも短調は二曲だけです。ただ、彼の短調の曲は、どれも凄まじい傑作揃いであることは間違いありません。「ピアノソナタ第八番」、「弦楽五重奏曲第四番」、オペラ「ドン・ジョヴァンニ」、「ピアノ協奏曲第二〇番」、「同第二四番」、「レクイエム」などなど、短調の曲にはとてつもない傑作が多い。

『クラシックを読む1』の「ピアノ協奏曲第二〇番」のところでも書きましたが、当時の聴衆の好みは長調の曲でした。モーツァルトもそれに合わせて書いていましたが、時折、それを忘れてというか、内心の衝動に突き上げられて、恐ろしい短調の曲を書きます。そういう意味では短調の曲こそ、彼の内面が表れた曲と言えるかもしれません。一七歳の時に書いたもう一つの短調の「交響曲第二五番」もその一つです。面白いのは「第二五番」も「第四〇番」も共にト短調で、「第二五番」のほうは「小ト短調」と呼ばれることもあります。なお、「第二五番」については『クラシックを読む3』で詳しく書きます。興味深いのは、二つの曲は共に序奏がなく、いきなり激情をぶつけるように始まっていることです(「第二五番」は非常に短い序奏のようなものがあるが)。

第二楽章の緩徐楽章は、普通はのどかな楽章となるのですが、ここにも心からの安らぎはなく、どこか不安が漂います。続く第三楽章のメヌエットも奇妙な曲です。本来メヌエットは舞曲であるはずが、そんな要素はなく、少なくとも当時の聴衆を楽しませようとする意図は感じられません。

終楽章の冒頭は前述の「交響曲第二五番」の第一楽章の主題に似ています。もしかしたら彼は若き日に作ったこのト短調交響曲を思い返したのでしょうか。この主題は小林秀雄《こばやしひでお》氏が『モオツァルト』の中でわざわざ楽譜を紹介して書いていることでもよく知られていますが、実際、はじめて聴いた人をドキッとさせるメロディーです。上昇する半音階は調性が曖昧《あいまい》で、聴く者を不安に陥《おとしい》れる魔力を持っています。ベートーヴェンは「ピアノソナタ第一番」第一楽章冒頭と「交響曲第五番《運命》」第三楽章冒頭に、これに非常に似た旋律を書いています。おそらく、ベートーヴェンはこのメロディーに潜《ひそ》む不思議な力を見たのだと思います。

音楽学者によれば、この終楽章の展開部には、のちの十二音技法に似た音楽が書かれているということです。十二音技法はバッハ「平均律クラヴィーア曲集」のところで軽く触れましたが、一九世紀から二〇世紀にかけてドイツで活躍した作曲家アーノルト・シェーンベルクが編み出したもので、オクターブの中の一二の音を等分に使った、いかなる調性にも属さない旋律というものです。音楽史に残る発明と言われていますが、私はそうは思わない。なぜなら十二音技法で作られた音楽で、感動したことはないからです。お前の耳が悪いと言われれば、確かにその通りなのですが、私は音楽学者ではないので、音楽は自分の好みで聴きます。

実はバッハやモーツァルトの音楽を聴いていると、十二音技法に非常に似た旋律が出てくることがよくありますが、それは偶然とは思えません。というのは、その部分が大きな効果を上げているからです。つまりそれを知っていて使っていたということです。ただバッハもモーツァルトも、十二音技法だけで感動的な音楽は作れないということも知っていたに違いありません。だから使用は部分的なものに抑えたのだと私は思います。

話がすこし脱線しましたが、終楽章の展開部は聴衆を不思議な世界に連れて行きます。再現部でもとのト短調に戻りますが、展開部の余韻は最後まで消えないまま終わります。

「交響曲第四一番」――天上に舞い上がるような荘厳さ

最後の「交響曲第四一番」は《ジュピター》という名前がつけられています。これは後世の人がつけたものですが、この曲の持つ輝かしさと荘厳さを見事に表しています。この曲も第一楽章は序奏なしにいきなり主題が奏されますが、前のト短調とは違って、輝かしいハ長調です。第二楽章はとても優雅なアンダンテです。第三楽章のメヌエットは実に堂々とした曲で、もはや舞曲を超えています。「第三九番」と「第四〇番」のメヌエットとはまるで違っています。

終楽章は全曲の白眉であり、三つの交響曲を締めくくる素晴らしい楽章です。もしかしたらモーツァルトの書いたもっとも素晴らしい音楽と言ってもいいかもしれません。それほどの傑作です。彼はここで古典的なソナタ形式とフーガを融合させるという途方もないことをやっています。これは両立しにくい技法なのですが、モーツァルトは何かに向かって戦うように、それに挑戦しています。そして結果は――奇跡のような名曲が生み出されました。

私は、冒頭の「ドーレーファーミ」のフーガ主題を聴くだけで、胸が熱くなります。まさに光に包まれたような主題です。ソナタ形式の提示部から展開部、そして再現部へと進むにしたがって、輝きはいっそう増します。すべてが最高と言えますが、コーダの素晴らしさは筆舌に尽くしがたいものがあります。光の中を、音楽が天上に向かって駆け上がっていく感じがします。

「三大交響曲」は別個の曲であり、それぞれに独自の美しさを持っていますが、私はこの三曲が合わさって一つの世界を作っているように思えてなりません。古典的な明るさを持つ「第三九番」、抉るような悲しみを描いた「第四〇番」、そしてすべてを受け止め天上へと舞い上がる「第四一番」——この三曲は、モーツァルトの遺書とも言える交響曲だったようにも思えるのです。彼がその後、亡くなるまで三年の間、ついに交響曲を書かなかったのはそのためではないでしょうか。

「これぞモーツァルト!」の名盤

さて、「三大交響曲」はどれも名作中の名作なので、昔から録音は夥《おびただ》しいくらいあって、名盤は目白押しです。個々の曲に関して書くのは煩雑になるので、三曲を演奏している指揮者の中から、レベルの高い演奏を挙げます。もっとも私がこれまで何度も書いているように、CDになる演奏はどれも一流のプロの演奏なので、レベルの高さは間違いありませんが、あくまで私の好みということで挙げます。

ジョージ・セル指揮クリーヴランド管弦楽団の演奏は古い表現を借りれば、「知・情・意」の三拍子が揃った名演です。オーケストラは力強く、それでいて繊細です。《ジュピター》の終楽章は神がかった演奏であると思います。

ニコラウス・アーノンクール指揮ヨーロッパ室内管弦楽団の演奏はしなやかで、テンポが速く、メリハリが効いています。同時に激しさも備えています。三曲共に名演ですが、「第三九番」のメヌエットの超快速テンポには度肝を抜かれます。もっとも、かつてアルトゥーロ・トスカニーニが同じくらいのテンポで演奏していました。

ブルーノ・ワルター指揮ニューヨーク・フィルハーモニックの演奏は録音は古いですが、実に格調高く、「これぞモーツァルト!」と言いたくなる演奏です。

【間奏曲】クラシック音楽界の一発屋

一発屋は少ない!?

芸術の世界は「才能」がものを言う世界です。才能に恵まれたクリエイターは次々に名作を生み出します。それは音楽も文学も同じです。

ところが、文芸の世界にはしばしば「一発屋」と呼ばれる作家が出ます。センセーショナルな作品でデビューして一躍人気作家になったものの、結局、それが生涯の代表作となった小説家は少なくありません。「作家は処女作を追い越せない」という言葉がありますが、処女作に自分のすべての力を使いすぎて、その後、何も出てこなくなったのかもしれません。

しかし音楽の場合は小説とはかなり事情が違っていて、作曲家は年齢を重ねるごとに作品のレベルが上がっていきます。バッハもモーツァルトもベートーヴェンも、またブラームスやチャイコフスキーやヴァーグナーも、有名作曲家のほとんどは、晩年になるほど作品が深みを増します。そのあたりが文芸とはかなり違います。

ところが、クラシック音楽界にも「一発屋」と呼ぶべき作曲家がたまに現れます。

たとえば「パッヘルベルのカノン」で知られるヨハン・パッヘルベル（一六五三―一七〇六）です。この曲の正式名称は「三つのヴァイオリンと通奏低音のためのカノンとジーグ」ですが、クラシック音楽を聴かない人の中でもとても知られた曲です。親しみやすいメロディーで、非常に聴きやすいカノン進行があり、人気があるのもわかります。小品ながら、なかなかの名曲ではないかと思います。ところが、パッヘルベルの他の作品はまるで知られていません。パッヘルベルはバロック中期における重要な作曲家で、数多くの曲を書いていますが、なぜかこの曲以外には、今日、ほとんど演奏されることはありません、実は私もカノン以外に知りません。

『クラシックを読む1』で紹介した「惑星」を書いたグスターヴ・ホルストも、広い意味では一発屋と言えるかもしれません。というのも「惑星」以外はほとんど演奏されることはないからです。

ホルストに似た意味ではジュール・エミール・フレデリック・マスネ（一八四二―一九一二）も、私の中では一発屋です。「マノン」や「タイス」などのオペラがあるそうですが、私は聴いたこともありません。しかし「タイス」の間奏曲の「タイスの瞑想曲」は素晴らしい名曲です。高級娼婦のタイスが自分の生き方を考えるシーンで流れる曲だそうですが、これを聴くとタイスの悔恨《かいこん》や悩みが胸に迫ってきます。

エミール・ワルトトイフェル（一八三七―一九一五）も一発屋と言っていいでしょう。「フランスのヨハン・シュトラウス」という異名を持ったワルトトイフェルは多くのワルツやポルカを書いたということですが、今日、「スケーターズ・ワルツ」以外に演奏されることはありません。しかし「スケーターズ・ワルツ」は私の大好きな曲です。この曲はカラヤンはじめ一流の指揮者が録音しています。

「ローマ三部作」(「ローマの噴水」「ローマの松」「ローマの祭り」)を書いたオットリーノ・レスピーギ(一八七九―一九三六)も、それ以外の曲はまったく知られていません。

最大の一発屋は?

オペラの世界では一発屋はかなりいます。『クラシックを読む1』で紹介した「カルメン」を書いたジョルジュ・ビゼー、「カヴァレリア・ルスティカーナ」を書いたピエトロ・マスカーニ(一八六三―一九四五)、「道化師」を書いたルッジエーロ・レオンカヴァッロ(一八五七―一九一九)などです。ビゼーは夭逝《ようせい》しましたが、マスカーニとレオンカヴァッロは長生きしただけに、もっと名曲を書けたはずなのにと思いますが、二人とも上記の二作品以外はほとんど知られていません。

新しいところでは「チャールダーシュ」のヴィットーリオ・モンティ(一八六八―一九二二)も一発屋と言えそうです。フィギュアスケートの浅田真央《あさだまお》選手が自分のフリースケートの時に使ったことで日本では一躍人気曲になった曲ですが、モンティの他の曲はまったく知られていません。

「カルミナ・ブラーナ」を書いたカール・オルフ（一八九五―一九八二）も現代の一発屋と言えるかもしれません。一般の人は「カルミナ・ブラーナ」という曲名を知らなくても、音楽を聴けば「ああ、これか」と思うと思います。というのは、この曲は映画の宣伝や予告編などのBGMでよく使われているからです。

クラシック音楽界一番の一発屋と言えば、テクラ・バダジェフスカ（一八三八―一八六二）でしょう。「乙女の祈り」はとても有名な曲で、おそらく聴いたことがないという人はいないのではないでしょうか。しかしこの曲は実に平凡な曲で、とても名曲とは言えません。なぜ、人気になったのかもわからない曲です。もしかしたら二三歳で夭逝した（一八三四年生まれの二七歳という説もあり）薄幸の女性作曲家・ピアニストという運命が人気を呼んだのかもしれません。

第三章

音の愉悦

音楽は「音を楽しむ」と書きます。そう、本来は音の愉悦を味わうものです。

クラシック音楽には哲学的な曲や精神性の高い曲が沢山ありますが、そうした形而上的な音楽とは無縁の、聴いているだけで心がうきうきしたり、うっとりしたり、楽しい気分になってくる曲もいくつもあります。

この章では、そうした音楽が本来持っている「音の愉悦」とも言うべき六つの名曲を紹介します。

バッハ「ブランデンブルク協奏曲」

すべての楽器が主役！　バロック時代のジャズ

毎週、名曲を生み出した圧倒的な才能

「音楽の父」とも言われるバッハ（一六八五―一七五〇）は生涯を音楽に捧げた人でした。当代最高のオルガン奏者であり、指揮者であり、教育者であり、作曲家であった彼の書いた曲は死後かなりが散逸したと言われていますが、それでも現存する曲は一〇〇〇を優に超えます。

全盛期の活動はとても人間業とは思えません。ライプツィヒの教会のカントル（音楽監督）時代の最初の数年間（四〇歳前後）は、教会の合唱団の指導やオルガン伴奏をこなしながら、毎週日曜日の典礼に演奏されるための教会カンタータを作曲しました。これはオ

ーケストラと独唱者、それに合唱団が加わった大がかりなもので（長いものは三〇分を超える）、今日二〇〇曲以上残っています（五〇曲以上は失われたと言われている）。

どの曲を聴いても、並の作曲家なら一年かけてもできるかどうかという高レベルの曲であり、それを毎週のように作っていたというのはとても信じられません。しかも日曜日に演奏するということは、週のはじめには作曲と記譜を終え、後半には楽員たちと練習しなければなりません。つまり実質的な作曲期間は三日ほどだったということになります。これはもう超人と言っていいほどの仕事ぶりです。小説家に喩えれば一週間に一冊本を書き上げるようなものです。それも傑作をです。

しかも作曲と演奏練習の合間には、才能ある息子たちの教育用にチェンバロ曲を作り、妻（元宮廷歌手）のために音楽帳なども作っています。また自身の勉強のために同時代の作曲家の楽譜を取り寄せ、それを研究してさまざまな形で編曲したりもしています。さらには、自分自身が演奏するための曲（チェンバロ曲、オルガン曲）をいくつも書いています。

そして、気の合った友人たちと演奏するための曲も作っています。これらは「バッハの世俗曲」と呼ばれるものです。実はバッハは「音楽は神に奉仕する仕事」という信念を持っていて、もっとも力を注いだのは教会カンタータをはじめとする宗教曲で、そのどれもが人類の至宝とも言える傑作ばかりですが、余暇に作った「世俗曲」もまたとてつもない名曲なのです。いったいバッハの才能はどこまであるのでしょうか。ベートーヴェンが言うように、音楽家バッハは小川などではとうていない、まさにアマゾンに流れる膨大な水流のようです。

こんな破天荒《はてんこう》な作曲家は古今東西どこにもいません。いや、音楽の世界だけでなく、すべてのジャンルの芸術の中でもこれほどの創作を生涯にわたって続けた芸術家はいません。私は東洋の島国にいる一小説家ですが、バッハの曲の前では、自らの小ささを嫌というほど思い知らされます。

異なる旋律が一つに組み合わさる

今回はバッハの世俗曲の中から、「ブランデンブルク協奏曲」を紹介しましょう。全部で六曲からなる（第一～六番）この曲集は、バッハが比較的若い頃（三十代半ば）に書いたのを集めたものですが、これらは友人たちや気の合うオーケストラ仲間と楽しむために作ったのではないかと言われています。曲はバッハらしく実にポリフォニックな構成です。

ポリフォニーとは前にも書きましたが、同時に二つ以上の旋律が奏でられる音楽で、「主旋律があって、その他は伴奏」というホモフォニックな音楽の対極にあります。

私は「ブランデンブルク協奏曲」を聴くと、自分が音楽家でないことが悔しくてなりません。仲間たちとこんな演奏ができればどれほど楽しいことかと思います。

「ブランデンブルク協奏曲」はさまざまな楽器のプレーヤーたちがそれぞれ異なる旋律を演奏します。そうすると、それらが組み合わさって曲全体が夢のようなハーモニーとなって表れます。脇役はどこにもいなくて、すべての旋律が主役なのです。

六曲とも最高に楽しい曲です。第三番と第六番は独奏楽器がなく、弦楽合奏群が協奏曲風に展開しますが、その音楽の自由なこと！　イギリスの名指揮者エリオット・ガーディナーは「この曲はバロック時代のジャズだ」と言っていますが、まさに言い得て妙です。この曲には指揮者などは必要なく、各プレーヤーが互いの音を聴きながら、呼吸を合わせて、演奏する曲だと思います。かつては大きなオーケストラで演奏されることもありましたが、それではプレーヤーのジャズ的なノリは出にくく、やはり少数のメンバーで演奏するほうが圧倒的に面白い。ちなみに作曲の順番は第六番、第三番、第一番、第二番、第四番、第五番と言われています。

第一番、第二番、第四番は弦楽合奏に加えて、多くの管楽器が活躍します。第一番は二つのホルン、三つのオーボエ、ファゴットに加えてソロ・ヴァイオリンの七つの独奏楽器があります。その豪華絢爛《ごうかけんらん》なことと言ったらこの上ありません。

私は高音トランペットが大活躍する第二番が大好きで、オーケストラを突き抜けて鳴り響く輝かしい音は痺《しび》れるほどの快感です。この音はセクシーとさえ思えるほどです。

第四番は比較的地味な曲ですが、聴けば聴くほどに味が出てきます。とにかくどの曲を聴いても、「音楽する」喜びに溢れています。

余談ですが、アメリカの天才作家カート・ヴォネガットの傑作『スローターハウス5』は映画化不可能と言われていましたが、『明日に向って撃て』『スティング』のジョージ・ロイ・ヒルが見事に映像化しました。この時、音楽を受け持ったのがカナダの奇人ピアニスト、グレン・グールドで、全編バッハの音楽を使いました（一部自作曲あり）。そして映画の主人公が第二次世界大戦でドイツで捕虜になり、ドレスデンの街を行進させられているシーンで使われていたのが、第四番の第三楽章です。それまで比較的地味な音楽だと思っていた曲が、映画の中で実に不思議な効果を醸し出していたのが印象的です。グールドのセンスにあらためて感心させられたことを覚えています。

曲集の白眉は、最後に作られた第五番です。第五番は弦楽オーケストラに独奏ヴァイオリン、独奏フルート、独奏チェンバロが大活躍する華麗な曲です。三つの独奏楽器が弦楽合奏をバックにして丁々発止とやりあうところは、バッハの面目躍如です。

この曲では第一楽章の終わりに聴衆は度肝を抜かれます。弦楽合奏と独奏ヴァイオリンと独奏フルートが静かに消えていき、チェンバロ一台だけが残るのですが、何とここでバッハはとんでもないことをやっています。それまで弦楽合奏と独奏ヴァイオリン、フルート、チェンバロが合奏してやってきた協奏曲を、たった一台のチェンバロで表現させるのです。実はこれは突然試みたものではありません。この曲を作る以前にバッハはヴィヴァルディの協奏曲を何曲もチェンバロ独奏に編曲しています。

バッハのチェンバロ演奏の腕前は当代きってのものであり、その作曲技法も超絶的な境地に達していました。二本の腕を使って四つ以上の旋律を同時に奏でることなど朝飯前でした。そんなバッハが「ブランデンブルク協奏曲」で、自らのチェンバロのテクニックと作曲技法を存分にぶちこんだのがこの独奏部分です。

実はこの曲を書く直前、バッハは最新式のチェンバロを入手しています。もしかしたら新しい楽器の能力を存分に引き出してみたい気持ちもあったのかもしれません。このチェンバロ独奏部分は時間にして三分にも及ぶ長大なもので、第一楽章全体の三分の一を占めます。

とにかく六曲すべてがまさしく「音を楽しむ」ために作られたと言える曲です。

作曲当時の楽器にこだわらなくていい

この曲の全曲CDでまず挙げたいのは、カール・リヒター指揮ミュンヘン・バッハ管弦楽団による演奏です。リヒターはバッハ演奏に生涯を捧げた音楽家で、手兵のミュンヘン・バッハ管弦楽団もそのために自らが作った楽団です。残された録音はどれも素晴らしいものですが、この「ブランデンブルク協奏曲」も最高の演奏です。

現代のバッハ演奏はピリオド楽器による演奏が大流行で、リヒターのような現代オーケストラによる演奏は時代遅れと見做されています。しかし、私に言わせればとんでもない間違いです。バッハの時代のオリジナル楽器に合わせることもそれなりに意味のあることですが、それでなければバッハは再現できないという考え方は、むしろバッハへの侮辱とも思います。バッハの音楽はそんな狭い音楽ではありません。むしろ進化した現代楽器で演奏すれば、バッハの意図をより大きく表現できます。リヒターの演奏はまさしくそれを証明しています。彼の演奏はキレがあり、同時にふくよかな響きを持っています。

全六曲の演奏はどれも見事としか言いようがありませんが、第五番のチェンバロを弾くリヒター（指揮を兼ねている）の演奏は圧巻と言えます。これほど鋭いチェンバロ演奏も珍しい。まさしく鬼気迫るという表現を使いたくなるほどです。すでに半世紀前の録音になりましたが、今聴いてもまったく古びない演奏です。

ピリオド楽器による演奏で非常に面白いのはラインハルト・ゲーベル指揮ムジカ・アンティクヮ・ケルンの演奏です。その超スピードと激しいリズムは二一世紀のバッハを思わせます（実際の録音は一九八〇年代）。同じくピリオド演奏ではトレヴァー・ピノック指揮イングリッシュ・コンサート、シギスヴァルト・クイケン指揮ラ・プティット・バンドの演奏も素敵です。

カール・ミュンヒンガー指揮シュトゥットガルト室内管弦楽団の演奏は古き良き時代を思わせる演奏です。焦《あせ》らず急がずの大らかな響きは、いつまでも聴いていたいという気分にさせます。各プレーヤーたちが音楽する喜びをもって演奏している感じもいい。オットー・クレンペラーが指揮したフィルハーモニア管弦楽団の演奏はさらにゆっくりしていますが、「対位法の鬼」と呼ばれた指揮者だけに、バッハのポリフォニックな面白さが十分に味わえます。

変わり種として挙げておきたいのが、ヴィルヘルム・フルトヴェングラー指揮ヴィーン・フィルハーモニー管弦楽団による第五番の演奏です。大オーケストラによるライブ演奏で、しかもチェンバロの代わりにピアノを用い、恐ろしいまでにゆっくりしたテンポを取り、響きも濁っていて、さすがにこれは今日では受け入れられないバッハ演奏です。それなのになぜ挙げるのかと言えば、ここで指揮をしながらピアノも弾いているフルトヴェングラーがとてつもなく素晴らしいからです。

第一楽章のラストでピアノソロになった途端、それまでの音楽が一変します。ピアノは幽玄の響きを奏で、聴く者を異次元へと誘う。最初は静寂とも言える暗闇があたりを覆いますが、しかし次第に光が満ちてきて、やがてそれらは巨大なエネルギーとなって天地を鳴動させます——これほどの世界をたった一台のピアノが描けるのかと驚くほかありません。不世出の指揮者と言われるフルトヴェングラーはピアノを弾かせても桁外れ《けたはず》れの演奏をする人だったのです。とにかく「ブランデンブルク協奏曲」で、これほど凄絶な演奏は他にありません。

人によっては「これはバッハではない！」と言うかもしれません。しかしバッハの世界には、このような演奏さえも受け入れるスケールの大きさがあるのです。興味があればぜひ一度聴くことをお薦めします。

ベートーヴェン「ヴァイオリン協奏曲」

ベートーヴェン特有の「闘争」がまったくない、優美な曲

その理由は、作曲した時期にある

ベートーヴェン（一七七〇―一八二七）が三十代はじめ頃から突如として恐ろしい傑作を次々とものにするようになったのは、「交響曲第三番《英雄（エロイカ）》」のところで書きました。もちろんそれ以前から将来を嘱望されるような名曲をいくつも書き、それらは今日でも人気曲となっていますが、中期以降のベートーヴェンは創造の神でも降りてきたかのように芸術家として大変革を遂げます。

それまではどちらかと言えば、ハイドンやモーツァルトの延長線上にあった音楽が、突如として、誰も聴いたことがないような斬新な音楽へと変貌したのです。耳疾《じしつ》（耳の疾《しつ》

病《ぺい》）の苦しみからいったんは自殺も考えたベートーヴェンでしたが、死を思いとどまって以降、あたかも過酷な運命に挑むかのように激しい音楽を書くようになります。そして中期を代表する名曲が続々と生み出されました。

壮大かつ雄々《おお》しい《エロイカ》、《運命》と呼ばれる「交響曲第五番」、古今のピアノソナタでもっとも激烈な「ピアノソナタ第二三番《熱情（アパショナータ）》」、四つの弦楽器が火花を散らす「弦楽四重奏曲第七番、八番、九番」など、この頃の彼の音楽は、まさしく運命と格闘するような曲です。

しかしそのいっぽうで、ベートーヴェンは優美で繊細な音楽も書いています。《エロイカ》の次に書かれた「交響曲第四番」、《運命》とほぼ同時に書かれた「交響曲第六番《田園》」などは聴く者を慰撫《いぶ》するような優しい曲です。まったく対極的な音楽を書けるあたりがベートーヴェンのスケールの大きさと言えますが、今回、紹介する「ヴァイオリン協奏曲」はそんな優美なベートーヴェンを代表する曲です。

この曲は全曲にわたって優しさに満ちています。はたしてこれがあのベートーヴェンなのかと思うくらいです。さきほど、優美な曲の代表として挙げた「交響曲第四番」や《田園》にしても、そこにはやはりベートーヴェン的な闘争があります。ところが「ヴァイオリン協奏曲」だけはそうしたものがいっさいないのです。全曲にわたって幸福感に溢れ、まるで花園に遊ぶような曲です。いったいこの時期、ベートーヴェンに何が起こったのだろうと誰もが思うに違いありません。この拙文を読んでくださっている読者の皆さんは、もしかしたらベートーヴェンは恋でもしていたのではないだろうかと考えるのではないでしょうか。その推測は正解です。

ベートーヴェンがこの曲を作ったのは三六歳の時。この頃、彼は素晴らしい恋をしていました。相手は九歳年下のヨゼフィーネ・フォン・ダイム伯爵未亡人です。ヨゼフィーネは結婚する前はベートーヴェンのピアノの生徒でした。若くして親の言うまま二〇歳の時に二七歳も年上のダイム伯爵と結婚しましたが、その結婚生活は愛のない空虚なものだったようです。ヨゼフィーネは妹たちにそのことを嘆《なげ》いている手紙を書いています。ところがダイム伯爵は投機に失敗して急死します。ヨゼフィーネは二五歳にして未亡人になりました。四人の子供を抱えて途方に暮れる彼女のもとへ、ベートーヴェンは何度も訪れて慰《なぐさ》めています。彼は悲しみに暮れている友人たちを見ると、何も言わずに心を込めてピアノを弾いて聴かせましたが、おそらくヨゼフィーネにもそうしたことでしょう。そして二人はいつしか恋に落ちました。

二人の関係がどこまで進んだのかは神のみぞ知るです。しかし今日残されたさまざまな証言や手紙の類から、二人は明らかに男と女の関係になったと推察されます。一九四九年にベートーヴェンがヨゼフィーネに宛てた手紙が大量に発見されましたが、それは実に熱烈なもので、二人の関係がただならぬものであることを物語っています。

彼は、下世話な言い方をすれば、非常にもてる男でした。多くの貴族令嬢や夫人と恋をし、その多くは成就《じょうじゅ》しました。ただ、身分の違いから、あるいは社会的および倫理的制約から、彼は生涯結婚することはありませんでした。

オーケストラ＝ベートーヴェン、ソロ・ヴァイオリン＝恋人

「ヴァイオリン協奏曲」には、ベートーヴェンの幸福感がいっぱいに溢れています。そこには激しい闘争もなければ、運命に対する怒りもありません。あるのは満ち足りた喜びだけです。

第一楽章は、いきなり聴衆の意表を突きます。何とティンパニが弱音で四つの音を叩くところから始まります。これは奇妙なことに、《運命》冒頭の有名な「ダダダダーン」（「運命動機」と呼ばれる）と同じです。ただし違うのは、《運命》はアレグロ（速く）でい

きなり激しくフォルテ（強く）で奏されるのに対して、「ヴァイオリン協奏曲」はまるで恋人の肩をそっと触れるような優しい音で始まります。そしてこの四つの音は全曲を通して何度も現れます。

主題は優美なメロディーです。まるで恋人に歌うセレナーデのようでもあります。ここにはあの怒れる獅子ベートーヴェンはどこにもいません。恋の喜びを歌っている少年のような姿です。この楽章は普通に演奏すると二十数分かかります。ベートーヴェンの曲の中でもこれほど長い楽章は滅多にありません。まるで彼自身が居心地の良い楽園にできるだけとどまっていたいと欲している、そんな感じすらします。

またベートーヴェンお得意の第一主題と第二主題が互いにぶつかり合いながら弁証法的発展を遂げるという手法も取られていません。ひたすら美しいメロディーが全曲を通して流れるのです。しかしけっして甘いだけの曲ではありません。楽しげな中にもしばしば切ないメロディーが顔を覗かせます。もっともそれはけっして深刻にはなりません。言うなれば楽しい恋の中にある「ほろ苦い切なさ」とでも言いましょうか。要するに全曲、恋に酔っている曲というわけです。

第二楽章は、まるで恋人の胸に抱かれてまどろんでいるような曲です。そう、ベートーヴェンは夢を見ているのです。その彼にヴァイオリンが優しく語りかけます。ヴァイオリンという楽器は女性的な楽器で、オーケストラではしばしば女性を表すのにソロで用いられることがあります。この楽章において、ベートーヴェンはまさしくソロ・ヴァイオリンを「恋人」にしました。もしかしたらこの優しいメロディーは愛するヨゼフィーネの言葉なのかもしれません。

曲は第二楽章の終わりから切れ目なしに終楽章（第三楽章）へと入ります。このロンド楽章で、ベートーヴェンは恋の喜びを爆発させます。私のもっとも好きな楽章です。ここではまさにオーケストラが「ベートーヴェン」であり、ソロ・ヴァイオリンが「恋人」です。私にはこの楽章は非常にエロティックに聴こえます。しかしヴァーグナーのような淫《いん》靡《び》なエロティシズムではありません。もっと大らかで健康的なものです。この楽章において二人は抱き合い、語り合い、手に手を取り合って、喜びをぶつけ合います。ベートーヴェンのあらゆる曲の中でこれほどまでに喜びを露骨に表した曲はないのではないかと思います。

そしてカデンツァのあとに迎えるコーダ、この部分はほとんどエクスタシーに達しているようにすら思えます。まるで愛し合う二人が互いの体を掻き抱きながら、喜びの頂上に昇っていくようです。もちろん、これはあくまで私の勝手な聴き方です。ベートーヴェンはそんなことを表現したかったわけではないかもしれません。だから音楽をそんなふうに解釈して聴くのは邪道だとわかっています。しかし、聴く者がどのように想像して聴いてもいいのが音楽です。

私はこの曲を聴くたびに、幸福の中にいるベートーヴェンを思って嬉しくなります。しかしいっぽうで、その恋が結局は悲しい結末を迎えたことを知っているだけに、心から喜べないところもあります。

ベートーヴェンとヨゼフィーネの恋は祝福されるべきものではありませんでした。身分の違いや倫理上の問題は、当時としては越えられない大きな壁だったのです。結局、二人はこの曲が作られた翌年に別れることになります。ヨゼフィーネはのちにある貴族と再婚しますが、この結婚も不幸なものに終わります。夫はヨゼフィーネの財産を食い潰すと行方をくらましました。困窮した彼女を援助したのはベートーヴェンでした。実はこの頃、ヨゼフィーネは女の子を産んでいますが、その父親はベートーヴェンだという説がありま す。もちろん確証はありません。しかし今日の研究家によれば、この説はかなり有力とされています。

ヨゼフィーネはベートーヴェンが五〇歳の時、四二歳の若さで亡くなっています。彼女は生前、誰にもベートーヴェンとの恋のことは語りませんでした。いやそれはヨゼフィーネだけではありません。彼の「不滅の恋人」の謎を解き明かした青木やよひ氏はこう書いています。

「ベートーヴェンと深いかかわりのあった女性たちは、なぜかみな、不思議なほど沈黙を守った。文豪や大画家が亡くなると、自分こそ彼に愛された女性だとして名乗り出る人がよくいるものだが、彼の場合にはそのたぐいの人は一人もいなかった。それぞれの女性が、この魅力にみちた天才との思い出を聖遺物のように心に秘めたまま生涯を閉じたのだ」（青木やよひ著『遥かなる恋人に——ベートーヴェン・愛の軌跡』筑摩書房）

なお、ベートーヴェンはこのあと、死ぬまでヴァイオリン協奏曲を書きませんでした。

ベートーヴェンがピアノ協奏曲に編曲したものも

この曲もまた名盤が多い。古今の有名なヴァイオリニストで、この曲をレコーディングしていない者はいません。昔から名盤とされているのは、ダヴィッド・オイストラフ（ヴァイオリン。以下Vn.）とアンドレ・クリュイタンス指揮フランス国立放送管弦楽団の演奏です。ここではオイストラフもクリュイタンスも奇抜なことは何もしていません。まさしく悠然たる大人の風格漂う名演奏です。ヘンリク・シェリング（Vn.）とハンス・シュミット＝イッセルシュテット指揮ロンドン交響楽団の演奏も名盤。完璧なテクニックで十分に歌っています。

フリッツ・クライスラー（Vn.）とレオ・ブレッヒ指揮ベルリン国立歌劇場管弦楽団の演奏は歴史的名盤と言われているものです。録音はきわめて古いですが（一九二六年！）、古き良き時代の演奏に耳を傾けるのもたまにはいいのではないでしょうか。クライスラーの演奏は今聴いても実に美しい。

録音の新しいものではイツァーク・パールマン（Vn.）とカルロ・マリア・ジュリーニ指揮フィルハーモニア管弦楽団、チョン・キョンファ（Vn.）とクラウス・テンシュテット指揮ロイヤル・コンセルトヘボウ管弦楽団のものが素晴らしい。

ところでベートーヴェン自身はこの曲にカデンツァを書いていません。したがってヴァイオリニストは、ヨーゼフ・ヨアヒムやクライスラーといった歴史的名手のカデンツァを弾くことが多い。

なお、この曲はベートーヴェン自身がピアノ協奏曲に編曲しています。演奏会では滅多に演奏されませんが、ＣＤはいくつかあります。ヴァイオリンとの違いを聴くのもなかなか楽しいものがあります。ピーター・ゼルキン（ピアノ）と小澤征爾《おざわせいじ》指揮ニュー・フィルハーモニア管弦楽団の演奏が面白い。

ヴィヴァルディ「四季」
一枚のレコードで、二〇〇年ぶりに火がついた

曲も作曲者も無名だった

一枚のレコードが音楽史を変えることがあります。

今から半世紀以上前の一九五九年、当時ほとんど無名のイタリアの室内楽団イ・ムジチ合奏団（直訳すると「音楽家たち」）が録音した「四季」のレコードがまさにそれです。今ではクラシックファン以外でも知らない人がいないくらいの人気曲ですが、当時はかなりのコアな愛好家でも聴いたことのない超マイナー曲でした。もちろん作曲家であるヴィヴァルディの名前など、ほとんどの人が知りません。当時、日本で発売された「四季」のレコードに書かれているライナーノーツにも作曲者の生涯については何も書かれていなかっ

たと言います。というのは当時、彼のことはほとんど何もわかっていなかったからです。信じられないことに、その時点では生年さえも不明でした。

ところが、このレコードは世界中で爆発的に売れました。人々はそれまで知らなかった優美で美しいバロック音楽の旋律に魅了されたのです（意外なことにその頃はバロック音楽はほとんど演奏されていなかったという）。クラシック音楽界では滅多に出ない一〇〇万枚の売り上げをあっという間にクリアーしました。この大ヒットにより、バロック音楽の再評価とヴィヴァルディの研究が始まりました。そして長い間、ヴェールに包まれていた彼の劇的な生涯が明らかになりました。

アントニオ・ヴィヴァルディ（一六七八―一七四一）はイタリアのヴェネツィアに生まれ、一〇歳で教会附属の学校に入り、音楽を学びました。一五歳の時に教会の司祭になり、その年から「ピエタ慈善院附属音楽院（以下、附属音楽院）」の協奏曲長（楽長兼教師のようなもの）になっています。

「ピエタ慈善院」は、一四世紀に捨て子や孤児を養うために作られたヴェネツィアの慈善施設です。当時は貧しさのために子供を捨てる親や、親に死なれて孤児になった子供が少なくありませんでした。男の子はここで石工《せっこう》や製靴《せいか》などの職人技術を学び、女の子は裁縫や料理などを習いました。そして一六歳になると社会へ巣立っていきます。

孤児院の運営は貴族や裕福な市民からの寄付でなされましたが、それだけではやっていけないため、音楽的な才能のある女の子には楽器や声楽の教育を施し、彼女たちのコンサートによる収入で院の運営を賄《まかな》いました。彼女たちは「合奏・合唱の娘たち」と呼ばれました。

ヴィヴァルディは「附属音楽院」で非常に優秀な教師でした。彼の薫陶《くんとう》により合奏団と合唱団のレベルは一気に上がり、ヴェネツィアを代表する楽団になりました。その演奏は非常に高く評価され、わざわざ外国から聴衆がやってくるまでになりました。また音楽好きの貴族たちも自分の娘を「附属音楽院」に入れて教育を受けさせたくらいです。

ヴィヴァルディは「合奏・合唱の娘たち」のために多くの曲を書きました。合奏団の名前は「娘たち」となっていますが、彼女たちの平均年齢は四〇歳で、その多くが生涯独身で、一生を「附属音楽院」に捧げました。「四季」も彼女たちが演奏するために書いた曲の一つだと言われています。

個人的な話で恐縮ですが、実は私はこの曲には長い間あまりいい印象がありませんでした。というのは、私の母がこの曲が大好きで、私が小学校時代に毎日のようにレコードをかけていたからです。母は特に第一曲の「春」が好きで、そこばかりを飽《あ》きるほど聴いていました。音楽的なセンスも何もない幼い小学生にとっては、バロック音楽など退屈なだけです。それを毎日のように聴かされていたものですから、いつのまにか「春」の最初の音を聴くだけでうんざりするようになったのです。だからその後、私がクラシック音楽の魅力に取り憑《つ》かれるようになってからも、バロック音楽、特にヴィヴァルディはなかなか聴く気にはなれませんでした。

ところが三二歳の時、新婚旅行でアメリカに行った折、たまたま機内でかかっていた音楽が「四季」で、することもないのでヘッドホンで聴いていると、自分でもびっくりするくらい感動してしまいました。何と素晴らしい音楽ではないか！「春」「夏」「秋」「冬」、短いながら、どれもが珠玉の名品だと思いました。

「四季」はもともと「和声と創意への試み」というタイトルがつけられたヴァイオリン協奏曲（全一二曲）のうちの最初の四曲です。「四季」という全体のタイトルの命名はヴィヴァルディ自身によるものではありません。しかし四つの曲には「春夏秋冬」を歌ったソネット（一四行からなる短い詩）がつけられていて、その作者はヴィヴァルディ自身ではないかと言われています。そして、じっくりと聴き込めば、それぞれの季節のイメージを見事に表現しているのがわかります。また曲の中には小鳥や自然の様子が楽器で描写されています。

四つの曲は三楽章形式で、「急―緩―急」の形になっています。一曲は各一五分くらいです。

第一曲は「春」です。第一楽章の冒頭は祝祭的なメロディーで始まります。厳しい冬が過ぎ去り、野や山に緑が萌《も》える「春の喜び」が溢れているようです。そして鳥のさえずりが聴こえます。このあたりはベートーヴェンの「交響曲第六番《田園》」を先取りしています。第二楽章はのどかな陽気の中でまどろむような音楽です。そして第三楽章は再び春の素晴らしさを享受するような喜びに満ちています。

第二曲は「夏」です。第一楽章は物悲しく始まります。短調ということもありますが、私が思い浮かべる夏のイメージとはすこし異なります。もしかしたらイタリアの夏はこういう感じなのかもしれません。もっともそれはまったく個人的なイメージなので、こんなところで論じても大して意味はありません。第三楽章はソネットにも書かれているように「夏の嵐」です。曲の中には激しい風や雷鳴もあります。

第三曲は「秋」です。打って変わって明るく陽気な曲です。しかし陽気な中にも、どこか切なさがあり、感傷的な雰囲気もあります。そのあたりは秋という感じもしますが、全体を通して聴くと、楽しい雰囲気に満ちている曲です。第三楽章は曲につけられたソネットに「狩り」と仮の題が書かれていますが、私には収穫の喜びを歌った曲のようにも聴こえます。まあ、どう聴いても自由なのが音楽です。

第四曲は「冬」です。私はこの曲が大好きです。第一楽章の冒頭からただならぬ雰囲気に満ち、やがて冷たい北風が吹き荒れます。ヴァイオリンが胸に迫るような哀切きわまりない旋律を奏でます。それまでの三曲とはまるで雰囲気が違います。第二楽章は癒しの音楽です。この緩徐楽章も大好きな曲です。第三楽章は再び木枯《こが》らしが吹きすさぶ冬の情景が描かれます。全体に厳しさに貫かれた曲です。私は個人的に「冬」は大傑作ではないかと思っています。

波瀾の生涯

さて、ヴィヴァルディの生涯をもうすこし記しましょう。

彼は凄まじいばかりの多作家でした。現存する楽譜だけで、協奏曲五〇〇曲以上、オペラ五二曲、ソナタ、室内楽曲、宗教音楽など七三曲と、凄い数に上っています。しかし多くは死後に散逸したと言われ、失われた楽譜も相当数あると思われます。彼自身は手紙の中で「オペラは九四曲書いた」と書き残しています。四十代からヴィヴァルディの人気はヨーロッパ中に広まり、後年は各地を旅して数々のオペラを成功させ、時代の寵児となりました。

しかしバロック音楽の衰退と共に、五〇歳を超えたくらいから急速に人気を失い、オペラの失敗などもあり、窮乏生活を送るようになります。五九歳の時、女性スキャンダルを起こした上に多額の借金を背負い、六二歳で、夜逃げ同然に故郷ヴェネツィアをあとにします。

かつて自分を庇護してくれたオーストリア皇帝カール六世を頼ってヴィーンに赴きますが、運の悪いことに彼がヴィーンに到着した直後に皇帝は亡くなります。まもなくオーストリア継承戦争が始まり、もはやヴィヴァルディを助けてくれる人はどこにも現れませんでした。

翌年、ヴィヴァルディは失意と不遇のうちにヴィーンの貧しい宿で息を引き取ります。六三歳でした。役人たちは簡単な葬礼を行なった翌日、遺体を貧民墓地に埋葬しました。かつてヨーロッパ中に盛名《せいめい》を轟かせた大作曲家のあまりにも寂しい最期《さいご》でした。彼の名前は人々の記憶からあっという間に消え、二〇〇年の間に完全に忘れ去られました。

　しかし現代では、ヴィヴァルディはバロック音楽の巨人として高く評価されています。事実、作曲家としての才能は素晴らしく、かの偉大なるバッハが若き日にイタリア様式とバロック協奏曲を身につけるために、ヴィヴァルディの協奏曲を何曲も編曲していたくらいです。

　もしイ・ムジチ合奏団が「四季」を録音しなかったら、ヴィヴァルディは今もバロック音楽時代に活躍したその他大勢の作曲家の一人くらいの位置づけになっていたかもしれません。その意味で「四季」のレコードが果たした役割はあまりにも大きいと言えます。

「四季」の大ヒットはイ・ムジチ合奏団の運命も変えました。ローマのサンタ・チェチーリア音楽院の一二名の卒業生たちが一九五二年に結成した無名の室内楽団は、一躍世界的な人気楽団になりました。それから約半世紀、メンバーは何度も入れ替わりましたが、今もイタリアを代表する室内楽団として活躍しています。その後、イ・ムジチ合奏団は「四季」を何回も録音し直し、今日までの総売上枚数は二〇〇〇万枚を超えたと言われます。まさしくクラシック音楽界の歴史を変えたレコードです。

バロック音楽がロックのように聴こえる

今日、「四季」は大人気曲なので、夥しい録音があります。有名指揮者の多くが録音していますし、名のある室内楽団で「四季」を録音していない楽団はありません。また有名なヴァイオリニストや大きなオーケストラも演奏しているので、名演・名盤は非常に多い。

とはいえ、「四季」のCDとしてまず挙げなくてはいけないのは、やはりイ・ムジチ合奏団の演奏でしょう。この歴史的名盤を外すわけにはいきません。彼らは同曲をメンバーを入れ替えて、数回録音していますが、第一回の録音は今聴いても素晴らしいものです。半世紀前の録音ですが、初代コンサートマスターであるフェリックス・アーヨがヴァイオリンのソロを受け持っています。レガート奏法を駆使した古き良き時代を思わせる典雅な演奏です。

現代はピリオド楽器演奏が流行ですが、正直なところ私はモーツァルトやベートーヴェンをピリオド楽器演奏で聴くのは好きではありません。しかしバロック音楽はピリオド楽器でやると、なぜか凄く新鮮で躍動感を感じます。「四季」の演奏もピリオド楽器の名演が少なくありません。クリストファー・ホグウッド指揮エンシェント室内管弦楽団、トレヴァー・ピノック指揮イングリッシュ・コンサートは魅力的な演奏です。

イギリスの奇才ヴァイオリニスト、ナイジェル・ケネディがイギリス室内管弦楽団を指揮してヴァイオリンを弾いた演奏もぜひ聴いてもらいたい。バロックがロックのように聴こえる演奏で、エネルギーと躍動に溢れています。

ジョプリンのラグタイム

映画『スティング』で復活した名曲群

ラグタイムとは？

スコット・ジョプリン（一八六八—一九一七）がクラシック音楽の作曲家であるという意見には異論があるかもしれません。しかし私は彼のピアノ曲（実はそれしか知らない）には、ベートーヴェンのエコセーズ（スコットランド舞曲）やショパンのワルツと同じくらい魅力を感じます。

ジョプリンのピアノ曲は「ラグタイム」と呼ばれるもので、アメリカ合衆国において一八〇〇年代から一九〇〇年代はじめ頃にかけて流行《はや》った音楽ジャンルです。いずれも数分の短い曲です。

もともとはアフリカ大陸をルーツに持つ黒人のミュージシャンによる、独特のシンコペーションのリズムを持つ音楽です。シンコペーションを言葉で説明するのは難しいですが、もの凄く乱暴に言ってしまえば、リズムがずれたように聞こえる音楽です。ロックのミュージシャンなどは「食う」と表現することもあります。ラグタイム自体は短い流行に終わりましたが、そのリズムはジャズに受け継がれ、またシンコペーションはその後のポップスやロックなどにも大きな影響を与えました。当時、ロシア革命や第一次世界大戦を逃《のが》れてアメリカに渡ってきたロシアやヨーロッパの音楽家たちも、この独特のリズムに魅《み》せられ、クラシック音楽の世界に取り入れました。

ジョプリンは「キング・オブ・ラグタイム」と呼ばれた作曲家です。彼は一八六八年にテキサスで生まれました（生年は諸説あり）。三年前に南北戦争が終わって奴隷は解放されていましたが、テキサス州は南部ですから、おそらく黒人差別は露骨に残っていただろうと思われます。

彼は幼くして音楽的才能を発揮し、子供ながらにバンジョーを巧みに弾きました。ちなみにアメリカの民族楽器と思われているバンジョーですが、実はこの楽器はもともとアフリカのセネガル地方から奴隷として連れてこられた黒人が、祖先が使っていた楽器をもとに作り出したものです。

息子の音楽的才能を見た母は、生活費を削って、彼のためにアップライトピアノを買いました。当時の黒人は教育の機会も与えられず、まともな職に就《つ》く機会もきわめて少なかったから、息子に手に職を与えたいと願ったのです。

ジョプリンは誰にも習うことなく独学でピアノの技術を身につけました。そして一四歳の時、家を出ると、さまざまな町の店やサロンでピアノ演奏をしました。その多くが酒場や売春宿でした。古いアメリカの西部劇映画では、場末《ばすえ》の酒場や売春サロンで黒人がピアノを弾いているシーンをよく見ます。おそらくジョプリンもそうした黒人ピアニストの一人だったのでしょう。

しかし彼は酒場のピアニストで終わりたくありませんでした。二七歳の時、クラシック音楽の作曲家として身を立てたいと思い、クラシック音楽のハーモニーとアフリカ系アメリカ人のリズムを融合させようと試みます。そして「ラグタイム」という新しい音楽を生み出しました。

ラグタイムは流行し、ジョプリンは前述のように「キング・オブ・ラグタイム」と呼ばれますが、クラシック音楽の世界ではまったく評価されませんでした。彼は四九歳の若さで病気で亡くなりますが、それ以後、ラグタイムは急速に下火になり、自然消滅しました。そしてジョプリンの名前も曲も忘れられてしまいました。

音楽がもう一人の主役

ジョプリンが死んで約半世紀後の一九七三年、ジョージ・ロイ・ヒルが映画『スティング』を撮《と》りました（彼は『スローターハウス5』の監督でもある）。これは一九三〇年代のシカゴを舞台にした詐欺師《さぎし》の物語です。師匠をギャングのボスに殺された若い詐欺師が凄腕の詐欺師と組んで、復讐を果たす痛快なコン・ゲーム映画です。一九七〇年代のアメリカ映画を代表する傑作で、世界的にも大ヒットしました。

この映画を観た観客はストーリーの面白さだけでなく、音楽の素晴らしさに魅了されました。全編にわたってピアノソロが物語のムードや登場人物たちの心理を見事に表現しているのです。ある時はユーモラスに、ある時は不安を掻き立てるように、また時には切なく、時には甘く、まさに音楽がもう一人の主役であるかのような効果を発揮していました。いったいこの素晴らしい音楽は何だ——。この音楽こそスコット・ジョプリンのラグタイムでした。

『スティング』のテーマ曲となったのは、「ジ・エンターテイナー」です。ジョプリンの最高傑作と言われる曲です。この曲名は、映画の内容と憎いほどにマッチしています。というのも、映画の二人の主役（ポール・ニューマンとロバート・レッドフォード）はまさしく「エンターテイナー」だからです。マフィアのボスを見事に翻弄するばかりか、最後は観客までも見事に煙《けむ》に巻くという鮮《あざ》やかな役柄です。この曲は楽しく朗らかに始まりますが、しかしどこか物悲しく、それもまた「エンターテイナー」の宿命を思わせます。

他に使われている曲は、「パイナップル・ラグ」「ソラス」「イージー・ウィナーズ」などですが、いずれも映画のシーンにどんぴしゃりとはまっています。「パイナップル・ラグ」の軽快なリズムは、耳にするだけで観客をわくわくさせる音楽です。

私が気に入っているのは「ソラス」で、映画のクライマックス手前、最後の大勝負の前夜のシーンに使われています。もしかしたら失敗するかもしれないと、登場人物たちが不安と期待を抱えながら、それぞれの夜を過ごすシーンのバックに静かに流れるのですが、その切なく悲しげな音楽の効果は凄い。

この映画の大ヒットにより「ジ・エンターテイナー」は大ヒットし、今や誰もが知る超有名曲となりました。そして時の彼方《かなた》に忘れられていたスコット・ジョプリンの名前が蘇りました。彼のラグタイムの曲がブームとなり、現代では普通にさまざまなところで彼の音楽が演奏されるようになりました。

偉そうに書いていますが、実は私自身、『スティング』によって、ジョプリンを知った一人です。一九歳の時に『スティング』を見て以来、ジョプリンのピアノによるラグタイムは私の大好きな曲になりました。

いずれも踊りだしたくなるような不思議なリズムを持ち、聴いているだけで、心が浮き立ってくるような気持ちになります。それでいて、そこには明るいだけではない、どこかにペーソスと呼びたくなるような響きがあります。もしかしたら、それは当時の黒人の心の底にある悲しみだったのかもしれません。

映画に使われた曲の他にも名曲は多い。ジョプリンの出世作となった「メープルリーフ・ラグ」は「ジ・エンターテイナー」に優るとも劣らない名曲です。軽快度では前曲をも凌ぐ、まさに「これぞラグタイム!」という曲です。「オリジナル・ラグ」も素晴らしいし、「エリート・シンコペーションズ」は最高に楽しい曲です。私のお気に入りは「ストレニアス・ライフ」です。この曲は非常に明るく楽しい曲ですが、後半の切なさは胸が締めつけられます。その対比がたまりません。

学者による演奏

スコット・ジョプリンのCDを紹介するのに、ジョシュア・リフキンの演奏は避けては通れません。リフキンはプロのピアニストではありません。もともとはクラシック音楽の学者で、バッハの研究者でした。

リフキンは子供時代に下町のジャズバンドの人たちと演奏を楽しんでいましたが、その頃に彼らから、ジャズ風にアレンジしたジョプリンの曲を教えてもらっていました。ところが、大人になったリフキンはジョプリンの楽譜を発見して驚きます。それはクラシック音楽の作曲家のように細かく正確に記譜されたものだったからです。けっしてアドリブに任せたものでもジャズ風なものでもありませんでした。

感動したリフキンは、一九七〇年にジョプリンの曲を楽譜通りに正確に弾き、レコード録音しました。ジョプリンのラグタイムがはじめてまとめてレコーディングされたものとなり、まさに歴史的録音となりました。それまでジャズの原点の一つくらいにしか見られていなかったジョプリンの曲が、クラシック音楽からのアプローチによって演奏されたのです。これがジョプリン再評価の第一歩となりました。

リフキンは三枚のレコードにジョプリンのラグタイムを二四曲録音しましたが、現在、そのうちの一七曲を収録したCDが発売されています。

このレコードを聴いて衝撃を受けた一人が前述のジョージ・ロイ・ヒルです。彼は『スティング』を撮影する際に、音楽担当のマーヴィン・ハムリッシュに、ジョプリンの音楽を使いたいと相談しました。ハムリッシュは映画の中でジョプリンの曲を効果的に使い、映画の成功に大いに貢献すると共に、世界中にジョプリンの音楽の素晴らしさを教えることになりました。

他の演奏では、ジェームズ・レヴァインの演奏がいい。レヴァインはメトロポリタン歌劇場の音楽総監督を務めたアメリカを代表する指揮者ですが、ピアノの名手でもあります。レヴァインの演奏は軽快というよりも、全体にゆったりと弾き、叙情的な魅力を引き出しています。

変わったところでは、イツァーク・パールマンとアンドレ・プレヴィンがヴァイオリンとピアノの二重奏で演奏しているCDがあります（編曲はパールマン）。パールマンは現代を代表するヴァイオリニストでテクニックは世界最高峰の腕前を持っている一人です。プレヴィンは名指揮者ですが、かつてはジャズ・ピアニストとしても一世を風靡した才人です。また、ミュージカル『マイ・フェア・レディ』の編曲者としても知られています。ラグタイムの原曲はピアノソロですが、この演奏はヴァイオリンとの二重奏によって、別の魅力が引き出されています。ジョプリンの曲を気に入ったなら、ぜひ、これも手に取ってもらいたいと思います。

ハイドン「交響曲第九四番《驚愕》」

一度聴けば好きになり、しかも飽きない曲

ハイドンの巨大な功績

クラシック音楽の歴史は長く、時代によっていくつかの分類があります。モーツァルトとベートーヴェンは「古典派」と言われる時代の作曲家です。もっともベートーヴェンは次の「ロマン派」の橋渡し的な存在とも言われますが、分類上は古典派です。そして古典派の代表的な作曲家にフランツ・ヨーゼフ・ハイドン（一七三二―一八〇九）がいます。

ハイドンは古典派の巨人であり、ほぼ同時代に同じヴィーンで活躍したモーツァルトにもベートーヴェンにも多大な影響を与えています（年齢的にはモーツァルトより二四歳上、ベートーヴェンよりも三八歳上になる）。ただ、多くのクラシックファンにはモーツァルト

とベートーヴェンの露払《つゆはら》い的な作曲家と見做されているきらいがなくもありません。

しかし、実はハイドンくらい重要な作曲家はいません。たとえば私たちが普段聴いている交響曲のスタイルを確立したのはハイドンなのです。交響曲はもともとオペラの序曲がコンサートなどで演奏されたのがルーツと言われています。それがのちにさまざまな楽章が追加されて、だんだんと規模が大きくなっていったのですが、それを四楽章形式の大曲にしたのがハイドンです。

彼が作った交響曲のスタイルは、ソナタ形式による第一楽章、ゆるやかなメロディーの第二楽章、メヌエットの第三楽章、ロンド形式あるいはソナタ形式の第四楽章というものです。そして第一楽章は勢いのある音楽にして、第四楽章は速くて華やかな音楽にして締めくくりました。

モーツァルトもベートーヴェンも、基本的にこのスタイルで交響曲を作曲しました（ベートーヴェンは第三楽章を優雅なメヌエットではなく速いスケルツォにしたが、三拍子のメヌエットであるのは一緒）。またのちの作曲家の交響曲もほとんどはこのスタイルに沿って作曲しました。

つまり極端に言えば、ハイドンがいなければ、私たちはモーツァルトの「交響曲第四一番《ジュピター》」も、ベートーヴェンの「交響曲第三番《エロイカ》」も耳にはできなかったかもしれないのです。また、その後の偉大な交響曲も生まれなかった可能性はきわめて高い。そう考えると、ハイドンの功績がいかに大きいかが理解できるでしょう。今日、ハイドンが「交響曲の父」と呼ばれるのは当然です。そんな彼が作った交響曲は一〇〇曲を超えます。これはもちろん古今の交響曲作曲家の中では断トツの一位です。

ハイドンの功績は交響曲だけではありません。実は、ピアノソナタも彼がスタイルを確立したジャンルなのです。それまでのピアノソナタは単一楽章の短いものだったのを、ハイドンが三楽章ないし四楽章にして、大きな構成の曲にしました。そして自ら五〇曲を超えるソナタを作曲しました。これはモーツァルトの一七曲、ベートーヴェンの三二曲と比べても、圧倒的な数です。そういうわけで、彼は「ピアノソナタの父」とも言われています。

さらに彼は「弦楽四重奏曲の父」とも言われていて、編曲を含めると八〇曲以上も書いています。これまたこのジャンルの断トツの一位です。ちなみに「弦楽四重奏曲第七七番《皇帝》」の第二楽章のメロディーは、現在のドイツ国歌となっています。実に荘厳で美しい曲であり、世界の国歌の中でも屈指の名曲です。

ところが、ハイドンの膨大な作品群（一〇〇〇曲を超えると言われている）の中から傑作を選ぶとなると、これがなかなか悩ましい。正直に言って、モーツァルトやベートーヴェンの名曲に匹敵するほどの作品は多くはありません。しかしこれはハイドンが二人に劣るからではありません。むしろパイオニアの悲劇とも言うべきものなのです。彼の偉大さは新しいジャンルを切り拓《ひら》いたところにあります。確かにその後の作曲家たちはハイドンよりも名曲を書いたかもしれません。それはハイドンが拓いた道を走ったからにすぎません。その意味で、ハイドンはもっと高く評価されるべきだと思います。

なぜ《驚愕》の名がつけられたか

さて、今回はそのハイドンの中で、《ロンドン交響曲》と呼ばれることもある晩年の一二曲の交響曲から「交響曲第九四番」を紹介したいと思います。《ロンドン交響曲》と呼ばれるのは、彼が晩年にロンドンに招かれた時に書いた曲だからです。彼は五九歳までに交響曲を九二曲書いていましたが、この一二曲はそれまでの交響曲と一線を画すくらいに斬新で冒険的な音楽になっています。いったいハイドンに何があったのでしょう。

実はモーツァルトが晩年に書いた三つの傑作交響曲（「第三九番」「第四〇番」「第四一

番」）に大いに刺激を受けたからだと言われていますが、私もその説には賛成したい。ハイドンは自分より二四歳も年下のモーツァルトの才能を誰よりも高く評価していましたが、彼の晩年の交響曲を知り、作曲家としてのライバル心がめらめらと燃えたのではないかと想像します。だからこそ、それまでの自分のスタイルを大胆に変えて新しい交響曲を書いたのではないでしょうか。

世間的には音楽史の流れは、ハイドン→モーツァルト→ベートーヴェンと思われていますが、実はハイドンはモーツァルトの死後、一八年も長生きしています。《ロンドン交響曲》の一二曲もすべてモーツァルトの死後に書かれています。ですから交響曲の歴史的には、ハイドン→モーツァルト→《ロンドン交響曲》→ベートーヴェンという流れになります。

「交響曲第九四番」は《ロンドン交響曲》の中でも知名度は一番の曲です。いや、もしかするとハイドンのすべての曲の中で一番有名な曲かもしれません。この曲にはニックネームがあり、その名も何と《驚愕》。なぜこんな名前になったのかと言うと、第二楽章の静かな変奏曲の途中、突如、大音量で和音が鳴らされるからです。はじめてこの曲を聴いた人はたいてい驚きます。それでニックネームが《驚愕》になったわけです。

これには逸話があって、当時、貴族たちは演奏会場で緩徐楽章になると、うとうと居眠りを始める者が多く、ハイドンはそんな聴衆を驚かせて目を覚まさせようとして、こんな和音を書いたのだと言います。私はこの話は本当ではないかと思います。というのも、この突然の和音は不自然すぎるほど大きいからです。これは明らかに意図的なものです。おそらくハイドンがロンドンの聴衆に、遊び心でやったのでしょう。

まあ、そんな理由もあって《驚愕》は有名曲になったわけですが、実は純粋に交響曲としても素晴らしい名曲です。

第一楽章はどこか郷愁を誘うような序奏から始まります。のどかで優しげなメロディーです。序奏が終わると、弾《はず》むようなシンコペーションのリズムの主題が奏されます。推進力があって、音楽が前へ前へと進みます。とても六〇歳になる老人が作ったとは思えない若々しい曲です。音楽的にはモーツァルトに似たところもありますが、モーツァルトは長調の中にもどこか哀愁を含んでいるのに対して、ハイドンは徹底して明るく快活です。そのあたりが二一世紀の現代人には物足りないという印象を与えているのかもしれません。

第二楽章は例の「驚愕の和音」が出てくる変奏曲です。主題のメロディーは素朴だがとても親しみやすい。ベートーヴェンの交響曲の緩徐楽章は一度や二度耳にしたくらいではまずいいとは思わないでしょうが、ハイドンの変奏曲は多くの人が一度聴くだけで、好きになるに違いありません。そして何度聴いても飽きがこない。このあたりもハイドンの魅力の一つです。

第三楽章はメヌエットですが、これも楽しい舞曲です。

第四楽章はこの曲の一番の聴きどころです。楽章全体にわたってスピード感と躍動感に溢れ、聴く者に爽快感を与えます。途中で一瞬短調になりますが、ハイドンの凄いところは短調になってもまったく悲しくならないところです。

全曲演奏して三〇分足らずの曲ですが、「これぞ古典シンフォニー！」と言いたくなるほど、明快で無駄がありません。ベートーヴェン以降、交響曲は苦悩や葛藤を表現するジャンルの曲になりましたが、ハイドンの音楽にはそんなものはありません。徹底して「音の愉悦」を味わい、ただ音楽を純粋に楽しむ喜びに満ちています。しかしそれこそが音楽の本来の姿ではないかと思う時もあります。

ところで、《ロンドン交響曲》にある曲はすべて《驚愕》と同じくらいの名曲です。六〇歳で、このレベルの曲をわずか四年ほどの間に一二曲も書いてしまうほど、ハイドンの才能は桁外れでした。けっしてモーツァルトに劣るものではないと思います。

海賊版の圧倒的な演奏に〝驚愕〟！

《驚愕》の名盤も多い。オイゲン・ヨッフム指揮ロンドン・フィルハーモニー管弦楽団、カール・リヒター指揮ベルリン・フィルハーモニー管弦楽団、ニコラウス・アーノンクール指揮ロイヤル・コンセルトヘボウ管弦楽団の演奏がいい。フランス・ブリュッヘン指揮一八世紀オーケストラは、ピリオド楽器による非常にきびきびした颯爽たる演奏です。ジェフリー・テイト指揮イギリス室内管弦楽団は古典的なすっきりした演奏です。

実は私がもっとも好きな演奏は、カルロス・クライバーがケルン放送交響楽団を指揮したものですが、実はこれは海賊盤（本人が発売を許可していないＣＤ）でしか発売されていません。しかし演奏は圧倒的で、これを聴けば、《驚愕》がベートーヴェンの交響曲にも劣らない傑作というのがわかります。

ベートーヴェン「弦楽四重奏曲第七番、八番、九番」

交響曲のような広がりを持ち、三曲で一つの世界を構成

「交響曲第三番、四番、五番」に相当!?

ベートーヴェン（一七七〇―一八二七）は交響曲作曲家としてあまりに有名ですが、同時にピアノソナタの世界においても不滅とも言える三二曲のソナタを書いています。しかし彼の偉大な業績として忘れてはならないのは、弦楽四重奏曲です。もしかしたらベートーヴェンの作品群の中でもっとも斬新で前衛的なジャンルの曲かもしれません。

弦楽四重奏曲というのは、二挺のヴァイオリン、ヴィオラ、チェロの四つの弦楽器で演奏される室内楽です。ベートーヴェン以前の弦楽四重奏曲はどちらかと言うと優美でかわいらしいものでした。弦楽器を中心にした室内楽は、そもそも貴族が食事やパーティーの

時などに、お抱えの楽士たちにBGMとして演奏させるジャンルの音楽として発展しました。この風習はその後、一流ホテルや豪華客船のレストランなどに受け継がれました。映画『タイタニック』の中にもそういうシーンがあります。食事中のBGMに使われたりする音楽ですから、気持ちが落ち着くメロディーやリラックスできる旋律が好まれました。不安を煽り立てたり、沈み込んだりするような音楽は向きません。

ところが、そういうジャンルの音楽に、ベートーヴェンはピアノソナタや交響曲と同じように、自らの理想とする精神を持ち込んだのです。二九歳の時に書いた作品18の六つの弦楽四重奏曲（第一〜六番）は、それまでのハイドンやモーツァルト風の優美で可憐《かれん》なイメージの曲とはまるで違い、激しく闘争的な音楽になっています。

そして三五歳の時、ロマン・ロランの言う「傑作の森」時代に、作品59の三つの弦楽四重奏曲を世に送り出します。これはロシア出身のアンドレイ・ラズモフスキー伯爵から依頼されて作曲したもので、後世《ラズモフスキー四重奏曲》と呼ばれます。いずれも全四楽章から構成されています。弦楽四重奏曲としては「第七番、八番、九番」にあたりますが、音楽ファンの間では《ラズモフスキー第一番、二番、三番》と呼ばれることもあります。ここでは《第〇番》として解説させていただきます。

まず《第一番》ですが、この曲は実に規模が大きく、演奏時間も四〇分を超えます。それまでの平均的な弦楽四重奏曲の倍くらいの長さです。

第一楽章は「交響曲第三番《エロイカ》」を連想させる雄大な主題から始まります。この主題を聴けば、彼が弦楽四重奏曲というジャンルにまったく新しい世界を持ち込んだのがわかります。

実は私は密かに《ラズモフスキー四重奏曲》の三曲は、交響曲の「第三番」「第四番」「第五番」に相当するのではないかと思っています。壮大でスケールの大きな《第一番》は「交響曲第三番《エロイカ》」に似ているし、どこか内省的で優美な《第二番》は「交響曲第四番」を思わせるし、闘争的でいっさいの無駄を排したような厳しい《第三番》は「交響曲第五番《運命》」のイメージと重なります。音楽評論家もファンも誰も言わないので、私の勝手な主観ではありますが。

ちなみに《第一番》は当時の聴衆にはまったく理解されなかったと言われています。有名なエピソードとして残っているのは、第二楽章のスケルツォでチェロが主題を弾き出した時、あまりに奇妙なメロディーに、聴衆が笑い出したという話です。またある演奏家がこの楽譜を見て、「これは冗談だろう。本当の楽譜じゃないだろう」と言ったという話も残っています。確かに風変わりなユーモアを含んだメロディーで、現代に生きる私が聴いても変な曲だと思います。これを恐れずに書いたベートーヴェンの勇気と度胸に、今さらながら感心します。もっとも私ごときに感心されても、すこしも嬉しくはないでしょうが。ただ、第二主題は胸が締めつけられるような切なさがあります。そして最初は奇妙に思えた第一主題も繰り返されるうちに、素敵なメロディーに聴こえてくるから不思議です。さすがはベートーヴェンと言うべきでしょうか。

第三楽章は深い緩徐楽章です。悲しみの中に希望を求めているような哲学的な音楽です。第四楽章は比較的明るい音楽ですが、前の三つの楽章をがっちりと受け止めています。

《第二番》は、《第一番》とはすべてにおいて対照的です。長調に対して短調ですし、外へ向かって放射する《第一番》に比べて、内側に向かう内省的な曲になっています。

余談ですが、ベートーヴェンが三二曲のピアノソナタと九つの交響曲を書き終えたあと、最後の力を振り絞って臨《のぞ》んだのは弦楽四重奏曲でした。彼の遺作とも言える「後期弦楽四重奏曲」には、過去いかなる作曲家も足を踏み入れたことがない深遠な世界が描かれています。そこには闘争も苦悩もなく、ただ無重力のように漂っているような不思議な音の世界があります。「後期弦楽四重奏曲」については、『クラシックを読む3』で詳しく語りたいと思います。なぜ、こんなことを書いたのかと言うと、実は私は《第二番》は「後期弦楽四重奏曲」を先取りしているのではないかと思っているからです。第三楽章の中間部分などは、「後期弦楽四重奏曲」かと思うほどです。

四つの楽器で演奏されているとは、とても思えない！

さて、いよいよ《第三番》です。この曲は《ラズモフスキー四重奏曲》の中でも特別な曲ですが、そればかりではありません。これまでの弦楽四重奏曲の常識をぶち破ったエポック・メイキングな曲と言っても過言ではないと思います。

弦楽四重奏曲というのは、どうしてもヴァイオリンの比重が重くなります。ヴァイオリンはヴィオラやチェロよりも音が華やかで、しかも高音部を受け持つので、自然とそうなります。また昔はヴァイオリン奏者のほうがテクニックが上だったので、作曲者はヴァイオリンを主役にします。しかもスターは第一ヴァイオリンです。第二ヴァイオリンは第一ヴァイオリンの相方《あいかた》という役目に近い。ヴィオラとチェロはあえて言えば脇役に近い。ハイドンの弦楽四重奏曲などを聴いていると、チェロなどは端役《はやく》ではないかと思える時もあります。《第一番》も《第二番》も、やはり第一ヴァイオリンが主導する形で音楽が書かれています。

ところが、《第三番》はそうではありません。四つの楽器が公平にバランスよく書かれているのです。主役の楽器はいません。四つの弦楽器が丁々発止とやり合い、まるで協奏曲のようです。どの楽器も伴奏や合《あい》の手《て》などの音は出しません。すべての楽器が絶妙のバランスを保って音楽が進んでいきます。まさしく「黄金の均衡」と呼びたいほどです。これぞ弦楽「四重奏」曲だと思います。

《第三番》は、いきなり重苦しい序奏から始まります。序奏が終わると、明るく躍動するような音楽が展開します。さきほど述べたように、四つの楽器が互いに素晴らしい均衡での音楽だけに緊張感が凄い。特に低弦楽器《ていげんがっき》（チェロとコントラバス）であるチェロが楽章全体にわたって活躍します。クラシック音楽をあまり聴いたことがない人にこの曲を聴かせると、たいてい交響曲と間違えます。たった四つの楽器が鳴っているだけとは聴こえないからです。

第二楽章は緩徐楽章です。何かに迷いながら彷徨うような音楽です。第三楽章はメヌエットですが、優雅な舞曲というイメージはなくて、相変わらず緊張感が漂います。そして

第三楽章の終わりから音楽は休止を挟《はさ》むことなく、終楽章になだれ込みます。

この終楽章こそ全曲の白眉、いや《ラズモフスキー四重奏曲》三曲の締めくくりにふさわしいラストです。この楽章はソナタ形式ですが、何と全編にわたってフーガが展開します。ソナタ形式とフーガの融合と言えば、モーツァルトの「交響曲第四一番《ジュピター》」もそうですが、《第三番》のほうがもっと徹底しています。

フーガの主題は、ヴィオラから始まるのが意表を突きます。そしてその主題を第二ヴァイオリンが追いかけ、それをチェロが追いかけ、最後に第一ヴァイオリンが続きます。そして四つの楽器がまるで喧嘩でもするようにフーガを展開していきます。そこには主役と脇役という関係はまったくありません。四つの弦楽器すべてが主役級の活躍で、見事なポリフォニーを表現しています。

展開部で、四つの楽器がソロで同じメロディーを受け渡していくところがありますが、ここは実にスリリングであると同時に、四つの楽器の特性と魅力を味わうことができます。

それにしても何という推進力のある音楽でしょう。私には、困難に向かって、ひたすら突き進む音楽に聴こえます。どんなことがあっても挫《くじ》けることがない強い意志、そして飽くことのない挑戦――ここにはベートーヴェン自身の生き方が表現されているように思えてなりません。

私はこの終楽章を聴くと、勇気を感じます。そして、自分も頑張らねばならないと思います。だから、弱音を吐《は》きそうになると、自らを奮い立たせるために《第三番》を聴くことがあります。

しかし《第一番》《第二番》《第三番》と続けて聴けば、そこにあるのは「音の愉悦」です。音楽の持つ広がりと可能性を、この三つの弦楽四重奏曲は余すところなく伝えてくれます。その意味で《ラズモフスキー四重奏曲》は全体で一つの世界を描いていると思えます。本来、それぞれが一つの作品番号を持たせてもいいくらいの名曲を、あえてベートーヴェンがひとくくりにしたのも、その意図があったのかもしれません（これ以降の弦楽四重奏曲はすべて独立した作品番号を持っている）。

長い間、演奏不可能とされてきた速度指定

《ラズモフスキー四重奏曲》の名盤は多い。録音は古いですが、ブダペスト弦楽四重奏団がいい。モノラルもステレオもありますが、どちらも堂々とした演奏で素晴らしい。ブダ

ペスト弦楽四重奏団の結成は一九一七年です。ハンガリーのブダペスト歌劇場管弦楽団のメンバーで作られたこのカルテットは、当時としては珍しい即物的な演奏だったということですが、今、録音された演奏を聴くと、割にロマンティックに聴こえます。メンバーは時代によって入れ替わっています。

ジュリアード弦楽四重奏団は厳しさを追求したような演奏。ニューヨークのジュリアード音楽院の教授たちによって一九四六年に結成され、その後、時代によってメンバーが入れ替わっていますが、長い間、完璧なアンサンブルと言われていただけに、その演奏もテクニック的には文句のつけどころがありません。

バリリ四重奏団はヴィーン・フィルハーモニー管弦楽団のコンサートマスターであり、伝説的ヴァイオリニストのヴァルター・バリリが一九四五年に結成した四重奏団です。モノラル録音ですが、彼らの演奏からは古き良きヴィーンの典雅な演奏を聴くことができます。

アルバン・ベルク四重奏団の演奏は厳しさの中に柔らかさがあります。この四重奏団は一九七〇年にバリリと同じくヴィーン・フィルのコンサートマスターだったギュンター・ピヒラーが同僚たちと結成しました。

私が個人的に偏愛しているのがエマーソン四重奏団の演奏です。一九七六年に結成されたアメリカの四重奏団ですが、《第三番》の終楽章を人間業とは思えないスピードで弾ききっているのは啞然とします。実はこれはベートーヴェンの速度指定に忠実なのですが、長い間演奏不可能な速度指定と言われていました。一度は聴いてもらいたい凄まじい演奏です。

【間奏曲】フルトヴェングラーの凄み

私が「神々」に惹かれる理由

本書で、私は自分の大好きなクラシック音楽の曲を取り上げて語っていますが、ここで私の大好きな指揮者について語りたいと思います。

指揮者はあらゆる演奏家の中で唯一、楽器を演奏しない人――つまり自分では音を出さないプレーヤーです。しかしその影響力は限りなく大きい。交響曲や管弦楽曲はもちろん、オペラにおいても指揮者がいなければ始まりません。

かつて指揮者は楽団の帝王でした。曲のテンポを決め、各楽器のバランスや奏法に至るすべてに絶対的な決定権を持っていました。これは間奏曲「巨匠の時代」でも書きましたが、昔は指揮者こそが楽団の中で音楽のあらゆることに通じている唯一の人でした。二〇世紀のはじめ頃まで、オーケストラのプレーヤーたちは、楽器演奏には長《た》けていても音楽理論や曲の歴史的な意味などは知りませんでした。当時はレコードもラジオもありません。楽団員にとっても多くの曲が未知の曲でした。自分が演奏する場合も、パート譜は見ても総譜など見たことがないという者がほとんどで、乱暴に言えば、自分が演奏する曲の全体像さえ知らない楽団員が大半だったのです。自分がどのタイミングで弾いたり吹いたりしていいのかもわからない者も珍しくありませんでした。そうした楽団員をまとめあげ、リハーサルを行なって曲全体を組み立てていくのが指揮者です。

一九世紀から二〇世紀にかけては、ブラームス、ブルックナー、マーラー、シュトラウス、ストラヴィンスキーなどの曲も現代音楽であり、演奏家も聴衆もはじめて耳にするという曲がいくらでもありました。またモーツァルトの交響曲でさえ一般的ではありませんでした。

それだけに指揮者の役割もとても大きかったのです。聴いたことがない曲の総譜を見て、全体像をイメージして音楽を構築していかなくてはなりません。現代では楽団員の多くが音楽大学出身で、理論も学識も備えていて、演奏する曲の総譜にも精通しているので、指揮者の影響力は激減しました。しかし一〇〇年前はそうではありませんでした。だからこそ、まさに「神々」とも称すべき偉大な指揮者たちが大勢現れたのです。私が今もCDで聴くクラシック音楽の多くが、実はこうした「過去の指揮者」による演奏です。なぜ、過去の指揮者に惹かれるのかは、前に書いたので、ここではあらためて述べません。

後継者のいない、一代限りの芸

そしてそんな指揮者の中でももっとも好きな指揮者が、ヴィルヘルム・フルトヴェングラー（一八八六―一九五四）です。私は一九五六年生まれですから、もちろん実演は聴いていません。彼の残した幾枚かのスタジオセッションの録音、そして夥しい数の実演録音が私の聴いたフルトヴェングラー体験です。

こういう大袈裟な言い方はあまり好きではないのですが、フルトヴェングラーこそは二〇世紀の生んだ最高の指揮者と断言したい。一九世紀生まれの神々、トスカニーニ、メンゲルベルク、クレンペラー、クライバー（エーリヒ）、ライナー、セル、ワルター、クナッパーツブッシュ、ベーム、さらに二〇世紀生まれのカラヤン、ショルティ、バーンスタイン、クライバー（カルロス）と、こうして名前を挙げていても、目眩《めまい》がするほどのビッグネームの中にあっても、フルトヴェングラーは別格中の別格、まさしく「神々の中の王」とも言える存在です。

ただ、現代の指揮芸術にもっとも影響を与えた指揮者と言えば、アルトゥーロ・トスカニーニかもしれません。彼は、長い間「プレーヤーたちが自由気ままにやっていた」演奏を否定し、ひたすら楽譜に忠実な演奏を目指しました。今日残された録音を聴くと、必ずしもそうではないのですが、当時は革新的なまでに「楽譜に忠実な」演奏でした。二〇世紀に入って、カラヤンがその後継者となりました。そして現代の多くの指揮者がその流れを汲んでいます。

そういう指揮界の大きな潮流にあって、フルトヴェングラーは異端の指揮者です。なぜなら彼は後継者を生み出さなかったからです。言ってみれば一代限りの芸です。使い古された表現で言わせてもらえば、まさしく「フルトヴェングラーの前にフルトヴェングラーなし、フルトヴェングラーの後《あと》にフルトヴェングラーなし」なのです。

彼の手にかかると、それまで何気なく聴いていた曲がはじめて聴くような曲に聴こえます。これはフルトヴェングラーを体験したほとんどの人が感じることです。楽譜を見る目が他の指揮者とはまるで違うのです。総譜に書かれた音の並びから、彼は他の指揮者には見えない「何か」が見えているとしか言いようがありません。そしてそれを音にした結果、驚くべきことが起こります。それまで「平凡な曲だな」、あるいは「それほど好みでもないかな」と思っていた曲が、フルトヴェングラーの演奏を聴くと、「何という傑作！」「こんな名曲だったのか！」と感嘆するということを多くの人が経験しています。

一流指揮者の演奏を聴いて感動することは珍しくありませんが、「こんな名曲だったのか！」と目を啓《ひら》かされる気持ちにさせられることは滅多にありません。ところがフルトヴェングラーはどの演奏を聴いてもそう感じるのです。さんざん聴きなれた曲が、時には今はじめて聴いたようにも感じるのです。

世の中には、再現芸術を一段低く見る人がいます。どれほど上手に演奏しようと、彼はその曲を作曲したわけではない、という見方です。所詮《しょせん》演奏家などは、無《む》から有《ゆう》を生み出したクリエイターの作品を補完するだけの存在ではないかと言う人もいます。しかしフルトヴェングラーを聴けば、そんな考えはまったく浅はかなものであると気づくでしょう。

ただ、残念なことに、彼はレコード録音を多く残しませんでした。フルトヴェングラーの若い頃はレコードの黎明期《れいめいき》でした。その貧弱な音に失望した彼は積極的にレコーディングを行ないませんでした。また彼は「実演で燃える演奏家」でもありました。聴衆のいない無機的なスタジオでは、演奏会場のような迫力ある演奏ができませんでした。これは彼自身が「実演とレコードは別物」と考えていたからでもありました。それでも第二次世界大戦後（そのキャリアは実質わずかに七年）に遺《のこ》されたいくつかのレコードはとてつもなく素晴らしい。

フルトヴェングラーの死後、彼の実演に接した人々は、「演奏会での彼はこんなものではなかった」「レコードは彼の凄さの半分も伝えていない」と証言しました。その中には「戦前の演奏はもっと凄かった」というものもありました。しかしそれらを聴くことができない後世のファンにとっては、その言葉は古いファンの優越感に満ちた嫌《いや》みな言葉にも聞こえました。

死後に見つかった、幻《まぼろし》の実演盤

ところがそうではなかったのです。

フルトヴェングラーが亡くなって一〇年ほど経《た》った頃、音楽界で不思議な噂が広まりました。それはフルトヴェングラーが戦争中に演奏していたライブ録音のレコードがソ連で売られているというものでした。

それまで第二次世界大戦中のフルトヴェングラーの演奏でよく知られているのは「ウラニアのエロイカ」と呼ばれるものです。これは一九四四年にヴィーンでラジオ放送用に演奏された録音を、戦後ウラニアレコードという会社が発売したものです（曲はベートーヴェンの「交響曲第三番《エロイカ》」）。ウラニア社がどうしてこの録音を手に入れたのかは不明です。ただこのレコードはフルトヴェングラー自身が許可せず、発売禁止になっています（その後、好事家《こうずか》の間で高値で取引されることになる）。

そういう過去の例があったものの、フルトヴェングラーの大戦中の実況録音はもう存在しないと言われていました。ベルリンの放送局に大量にあった磁気ワイヤー録音は戦後の大混乱ですべて紛失していたからです。

ところがそれらの多くをソ連が持ち帰っていたのです。そして戦後二〇年ほど経ってソ連国内でそれらをレコードにしていたのですが、当時はソ連には「鉄のカーテン」があり、その情報が西側にはなかなか入ってきませんでした。その後、さまざまなルートを通じて、それらのレコードが西側にも入ってきましたが、それを耳にした世界のフルトヴェングラーファンは度肝を抜かれました。それは戦後に遺された彼のレコード録音とはまるで違う凄絶な演奏だったからです。どの演奏も、それまで私たちが聴いていた曲とは何もかも違いました。劇的で、不気味で、怒りに満ちていたからです。印象を一言で言えば「鬼気迫る」という言葉がもっともふさわしい。クラシックファン以外の人が聴いても、異様な何かを感じることができるはずです。

いったいなぜこんなに凄まじい演奏が行なわれていたのでしょうか。その理由はおそらく当時の緊迫した状況にあります。その頃のドイツは世界を相手に戦争をし、また国内ではナチスが絶対的な権力で国民を支配していました。一九四三年頃から戦局は悪化し、連日のように夥しい空襲の犠牲者や戦死者が出ていました。フルトヴェングラーと楽団員たちはそういう状況下で演奏していたのです。

そのコンサートもけっして憩《いこ》いの場ではありません。もしかしたら演奏の最中にも空襲に遭遇するかもしれない状況でした。実際に空襲で演奏会が中断されたことは何度もありました（フルトヴェングラーが本拠としていたベルリン・フィルハーモニー・ザールも空襲で焼け落ちた）。当時のドイツ人は自分がいつ死ぬかもわからない中で演奏会に足を運んだのです。楽団員も聴衆も、これが自分にとって生涯最後の演奏になるという気持ちでいたのかもしれません。そんな演奏が尋常なものになるはずがありません。それはまさしく「一期一会《いちごいちえ》」の演奏であり、文字通り「命をかけた」演奏でした。

フルトヴェングラーはヒットラーを軽蔑し、ナチスを忌《い》み嫌っていましたが、祖国から亡命することなく最後までドイツにとどまりました（そのせいで戦後、連合国軍から迫害を受けることになる）。彼がドイツにとどまったのは、この絶望的状況の中で、ドイツ国民に偉大な音楽を届けなければならないと思っていたからです。それが自分自身の使命であると考えていたのです。ナチスに抵抗し、何人ものユダヤ人の楽団員の命を救った彼は、最終的にはナチスに命を狙われ、一九四五年一月にオーストリアからスイスへと脱出するのですが、その亡命前夜の演奏（ブラームスの「交響曲第二番」）などは、凄まじいなどという言葉さえも足りないほど恐ろしい演奏になっています（もちろん超名演である）。

前述の「ウラニアのエロイカ」もそうですが、戦時中、フルトヴェングラーが演奏したベートーヴェンの「交響曲第四番、五番《運命》、七番、九番《合唱付》」、「ピアノ協奏曲第四番」、シューベルトの「交響曲第八番《ザ・グレート》」、ブラームスの「交響曲第二番、四番」、ブルックナーの「交響曲第八番、九番」、ヴァーグナーの楽劇「ニュルンベルクのマイスタージンガー」などの録音は、これまで一度も耳にしたことがないくらい強烈なものです。あえて言えば、それらの録音を一度でも耳にすれば、もう他の指揮者の演奏など生ぬるくてとても聴いていられないと思うほどです。

戦後、フルトヴェングラーはどんどん芸風を深め、巨匠としての風格を増していきました。しかし戦後の録音からは大戦中の鬼気迫るものを聴くことはできません。戦時下での演奏は、彼にとっても生涯に二度とはできないものだったのかもしれません。

第四章

天上の音楽

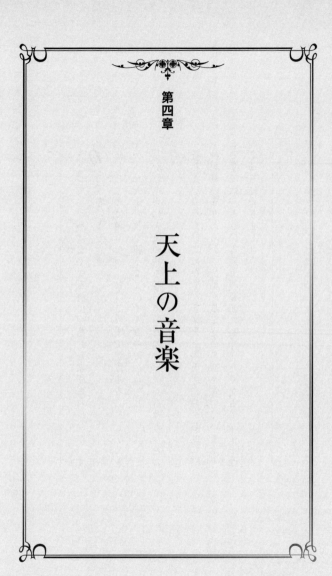

かつてバッハは亡くなる前に、悲しむ家族たちに向かってこう言いました。

「悲しむことは何もない。私はこれまで想像することしかできなかった天使の歌を聴くことができるのだから」と。

しかし本当に天使の歌を書いていたのはバッハ自身だったのです。

そしてバッハだけではなく、音楽史上の天才たちがしばしば「神が舞い降りたのか」と思えるような名曲を書いています。この章では、まさに「天上の音楽」と呼びたくなるような七つの名曲を紹介しましょう。

モーツァルト「魔笛」

田舎芝居を人気オペラに変えた、極上の曲

引き受けたのは金《かね》のため

モーツァルト（一七五六—九一）の名曲は数多い。交響曲、協奏曲、ピアノソナタ、ヴァイオリンソナタ、弦楽四重奏曲、歌曲、宗教曲と、あらゆるジャンルに傑作が目白押しである。しかし私はモーツァルトの真髄はオペラにあると思っています。その最高峰に位置するのは詩人兼劇作家ロレンツォ・ダ・ポンテと組んだ三部作、すなわち「フィガロの結婚」「ドン・ジョヴァンニ」「コジ・ファン・トゥッテ」ですが、ここには「魔笛」は入ってはいません。

実は「魔笛」は少々厄介な曲なのです。それを語る前に、当時のオペラの事情を簡単に

述べましょう。

モーツァルトが活躍した時代は、イタリアが音楽の先進国で、オーストリアのヴィーンでもイタリア人の音楽家が幅を利《き》かせていて、当時の宮廷楽長アントニオ・サリエリもイタリア人でした。ちなみにサリエリは映画『アマデウス』で一気に知名度が上がりましたが、映画の中では史実に反して相当悪どく描かれています。ただ、サリエリらイタリア人音楽家たちがヴィーンの音楽界を牛耳《ぎゅうじ》っていたのは確かで、モーツァルトは自分の地位が上がらないのはサリエリの妨害があったためだと考えていました。

そんなわけでヴィーンの宮廷歌劇場で演奏されるオペラもイタリアオペラでした。モーツァルトの前記三部作もその例に倣《なら》ってイタリアオペラの形式に則《のっと》り、歌詞ももちろんイタリア語で書かれています。イタリアオペラではセリフはレチタティーヴォで書かれ、その間にソロのアリアや二重唱や三重唱、そして合唱などが入ります。レチタティーヴォというのは説明が難しいのですが、乱暴に言えば、メロディーのついたセリフです。しかしアリアのような明確なメロディーではなく、語りのほうに近いと言えます。

ところが「魔笛」はそうではありません。これは「ジングシュピール」と呼ばれる大衆歌芝居です。歌詞もドイツ語で、セリフ部分はレチタティーヴォではなく、芝居のようにそのまま喋ります。今のミュージカルと同じと思っていただければいいかもしれません。現代ではジングシュピールはオペラの一種とされていますが、当時はオペラとは見做されていませんでした。

「魔笛」がなぜそんな曲になったのかと言えば、この台本を書いたエマヌエル・シカネーダー（モーツァルトの五歳年長で当時四〇歳）は田舎の音楽劇団の座長だったからです。観客は町のおじさんやおばさんたちです。宮廷歌劇場に集まる貴族たちではありません。音楽的素養もなければイタリア語も理解しない一般大衆は、わかりやすいドイツ語の歌芝居でなければ観てくれません。ただそこにはやはりいい音楽が欲しい。というわけで、シカネーダーが目をつけたのがモーツァルトでした。

当時、三十代の半ばになっていたモーツァルトはすでに華やかな宮廷からは見放され、コンサートを開いても聴衆は集まらず、貧困に喘《あえ》いでいました（ただ貧困説には異説もある）。加えて健康状態もよくありませんでした。そんな時、シカネーダーが自分の小屋にかける芝居の音楽を依頼してきたのです。喉《のど》から手が出るほど金が欲しかったモーツァルトはその仕事を受けます。かつてはハプスブルク家の皇帝陛下が臨席した華やかな宮廷歌劇場で自作オペラのタクトを振った天才音楽家が、わずかばかりの金が欲しくて田舎芝居の音楽を書くまでに落ちぶれたのです。

「魔笛」の脚本はシカネーダーの筆によるものですが、このストーリーは詩人ダ・ポンテの三部作とは比べものにならないほどひどいものです。「魔笛」はシカネーダー自身が所属する秘密結社フリーメーソン（モーツァルトもそうである）の思想を反映したものらしいですが、さまざまな寓意に満ちているとはいえ、全体として幼稚なおとぎ話の域を出ていません。物語の真ん中あたりで善玉と悪玉が逆転する構造になっていますが、これは台本を書いている途中で、ライバル劇団が良く似たストーリーの芝居を発表したので、シカネーダーが物語を変更したという説もあります。

そんなひどい台本であるにもかかわらず、モーツァルトの音楽は言葉を失うほどに素晴らしいのです。「魔笛」こそ、彼の最高傑作と言う音楽評論家は少なくありません。

モーツァルトは最晩年になると、音楽がどんどん澄みわたり、悲しみを突き抜けたような不思議な音の世界を描くようになりますが、「魔笛」はまさしくそんな音楽です。曲はどこまでも明るく、軽やかで、透明感に満ち、あえて恥ずかしげもなく言えば、もはや人間が作ったとは思えないほどです。

珠玉の名曲群

ここであらためて「魔笛」のストーリーを簡単に紹介しましょう。舞台は古代エジプト(と台本に書かれてある)、理想に燃えた若き王子タミーノは「夜の女王」からザラストロに攫《さら》われた娘パミーナを連れ戻してくれと頼まれ、享楽的な鳥刺しのパパゲーノと共に神殿に乗り込みます。ところが悪人と思っていたザラストロは実は立派な僧で、「夜の女王」こそ悪人であると知らされたタミーノとパパゲーノは神殿でいくつもの試練を受けます。パパゲーノは挫折しますが、試練を乗り越えたタミーノはパミーナと共に、永遠の愛を誓《ちか》い、理想の世界へと旅立っていきます。

いっぽう、神殿を追われたパパゲーノは自殺を決意しますが、そこにパパゲーナという魅力的な娘が現れ、二人は愛し合います。最後は復讐に燃えた「夜の女王」たちが神殿を襲いますが、ザラストロたちの手によって地獄に落とされ、合唱がザラストロを称えて全曲が幕を閉じます。

こうやって書いていても、いったい何の話かよくわからないし、本当の主人公が誰なのかもわかりません。実際の劇場で「魔笛」を観ると、物語のあまりの馬鹿馬鹿しさに呆れてしまいます。しかし何度も繰り返しますが、モーツァルトの音楽は最高に素晴らしく、芝居の馬鹿馬鹿しさを忘れて感動してしまいます。

パパゲーノが自分のお気楽な人生を歌うシーン（「おいらは鳥刺し」）、タミーノがパミーナの絵姿を見て恋の想いを歌うシーン（「なんと美しい絵姿」）、黒人のモノスタトスがパミーナを犯したい気持ちを歌うシーン（「誰でも恋の喜びを知っている」）などなど、どこを取っても絶品の美しさとも言える音楽です。第一幕と第二幕の最後に歌われる二つの合唱はモーツァルトのもっとも優れた宗教曲さえも上回るほどの敬虔な響きに満ちています。

珠玉の名曲がちりばめられている中でも特に有名なのは「夜の女王」の二つのアリア（「ああ、恐れおののかなくてもよいのです、わが子よ！」と「復讐の炎は地獄のようにわが心に燃え」）です。現代でも一流ソプラノ歌手を怖気《おじけ》づかせるこのアリアには、超絶的な技巧が凝《こ》らされ、しかも最高音に三点Fが使われています。これは五線譜下段の「ファ」より二オクターブ高い「ファ」の音です。

モーツァルトはのちのベートーヴェンとは違い、基本的に演奏者の技術を考慮して作曲しました。曲を依頼してきたプレーヤーや楽団のテクニックが高ければ高度な音楽を書き、そうでない場合は、その人が演奏できる音楽を書きました。たとえば名作「フルートとハープのための協奏曲」は、音楽愛好家の貴族の父娘に依頼されて作った曲ですが、フルートを巧みに吹いた父のパートは技巧的に書かれているのに対して、それほど上手ではなかった娘のハープのパートは易しく書かれています。それくらいモーツァルトは職人技に徹した作曲家でした。

だから「夜の女王」の二つのアリアにこれほどの難技巧が使われているということは、初演の時のソプラノ歌手はこれを歌えたという証《あかし》です（ちなみにその歌手はモーツァルトの妻コンスタンツェの姉ヨゼーファ・ホーファー）。この二つのアリアを聴けば、誰でもその超絶的な歌に唖然とするでしょう。「魔笛」の最大の聴きどころの一つでもあります。

しかし私が「魔笛」の中でもっとも好きな曲は、ラストの手前でのパパゲーノとパパゲーナの二重唱です。ザラストロの試練にも挫折し、神殿も追われた無学な自然児パパゲーノが、夢も希望も失って自殺を決意するその直前、愛する娘パパゲーナに再会するシーンで歌われます。パパゲーノは生まれてはじめて愛を得て、全身に喜びを溢れさせます。そして、その愛をパパゲーナは全身で受け止め、パパゲーノを大きく包み込みます。互いの名前を呼び合いながら「パ・パ・パ……」と歌うこの二重唱を聴くと、私はいつも胸が熱くなってきます。このあまりにも無邪気な明るさはいったい何なのでしょう、この切ないまでの喜びは何なのでしょう——。私は、これこそ最晩年のモーツァルトが最後に到達した世界かもしれないと思います。

「魔笛」が初演されて約二ヵ月後、モーツァルトは三五歳の若さで世を去ります。死の床にあった彼は時計を見ながら、「魔笛」の舞台のことを思っていたという証言がありま す。彼にとっても「魔笛」は特別な曲だったのです。

小さな田舎芝居の小屋のために書かれた曲ですが、今日、「魔笛」は世界でもっとも上演回数の多いオペラと言われるほどの人気曲となっています。

セリフなしの名盤も

「魔笛」の音楽は最高に素晴らしいもので、世に出ているCDなら何を聴いてもいいでしょう。しかしこれでは推薦盤を選べないので、何枚か私の好きなCDを挙げます。

ゲオルク・ショルティ指揮ヴィーン・フィルハーモニー管弦楽団（二種あり）、ヘルベルト・フォン・カラヤン指揮ベルリン・フィルハーモニー管弦楽団、カール・ベーム指揮ベルリン・フィルハーモニー管弦楽団、オトマール・スウィトナー指揮シュターツカペレ・ドレスデン、ジェームズ・レヴァイン指揮ヴィーン・フィルハーモニー管弦楽団の演奏はまず文句のつけようがないところです。ショルティの古いほうの録音で「夜の女王」を歌っているクリスティーナ・ドイテコムの歌唱は完璧な上に迫力抜群です。

ただ私は「魔笛」を聴く時は、オットー・クレンペラー指揮フィルハーモニア管弦楽団の演奏を取り出すことが多い。というのはセリフがないからです。クレンペラーは頭の中に音楽しかない男で、モーツァルトの音符がついていないセリフ部分はすべて無用のものとして大胆にカットしてしまっています。この潔さはむしろ清々《すがすが》しいと言えます。演奏も最高級ですが、歌手陣も素晴らしい。「夜の女王」は若きルチア・ポップが見事な歌唱を披露しています。驚くのは、「三人の侍女」という端役に、エリーザベト・シュヴァルツコップ、クリスタ・ルートヴィヒ、マルガ・ヘフゲンという当代の超一流女性歌手が使われていることです。こんな贅沢な「三人の侍女」は二度とありえません。

オペラ入門者にはCDではなくDVDをお薦めしたいと思います。対訳片手にオペラのCDを聴くのは、慣れていないと相当困難です。その点、日本語字幕つきのDVDは音楽にかなり集中できます。それに何と言ってもオペラは本来、舞台の芝居を観るものなのですから、音だけのCDよりも映像つきのDVDのほうがいい。

映像は古いですが、ホルスト・シュタイン指揮ハンブルク・フィルハーモニー管弦楽団の演奏がなかなかいい。歌手も一流どころが揃っていますが、「夜の女王」は前記のドイテコムです。世界最高の「夜の女王」と言われたソプラノの全盛期のパフォーマンスが見られます（聴ける）。

新しいDVDではコリン・デイヴィス指揮コヴェント・ガーデン王立歌劇場管弦楽団、ヴォルフガング・サヴァリッシュ指揮バイエルン国立歌劇場管弦楽団の演奏がいい。

ベートーヴェン「交響曲第九番《合唱付》」

あまりに有名な、狂気に満ちた傑作

長大にして壮大、かつ空前

「歓喜の歌」であまりにも有名な「交響曲第九番《合唱付》」（以下「第九」）は、もはやポピュラーとも言えるほどの曲です。しかし、誤解しないでもらいたいのですが、「第九」は通俗名曲からはほど遠い狂気に満ちた傑作なのです。

若い頃から耳疾に悩まされてきたベートーヴェン（一七七〇―一八二七）でしたが、この曲を完成させる最晩年の頃にはほとんど聴力を失っていました。加えて健康状態も悪化し、多くのパトロンや友人も去り、金銭的にも困窮し、失意と孤独の晩年を過ごしていました。その頃、ヴィーンではロッシーニの明るく軽快な音楽が人気を博し、ベートーヴェ

ンの深刻な音楽は敬遠されていました。壮年期には、運命と戦うような激しい曲を生み出していましたが、四十代後半からは、後期のピアノソナタに代表される瞑想的で哲学的な曲を書くようになっていました。

ところがそんなベートーヴェンが五三歳にして、激しく闘争的な「第九」を完成させました（彼はその三年後に亡くなる）。ベートーヴェンは生涯の最後に、もう一度、人生と芸術に対して激しい戦いを挑んだのです。

第一楽章の神秘的な導入部分は、これまでどの作曲家も紡《つむ》ぎ出したことのない不思議な響きです。二〇世紀最高の指揮者ヴィルヘルム・フルトヴェングラーは、この冒頭を「宇宙の創世」に喩えました。実際の宇宙がどのように誕生したのかは知りませんが、暗黒の混沌とした世界に小さな光が生まれ、それが明滅しながらゆっくりと回転を始め、やがて巨大な渦となって宇宙が姿を現す――まさしくそんなイメージを彷彿《ほうふつ》させる冒頭です。そして音楽はうねるように、また大きな波が寄せては返すように、混沌とした世界の不気味さを見せます。この第一楽章はベートーヴェンの壮年期の雄渾さと晩年の哲学性が融合した最高の音楽です。

第二楽章は激しい闘争の音楽です。襲い来る暗い運命を象徴するかのようにティンパニが凄絶な音を打ち鳴らします。全曲中もっとも短い楽章ではありますが、強烈な印象を残します。

第三楽章は前の楽章の戦いの疲れを癒すかのように、打って変わって静かな音楽です。主旋律はこの上もなく優しくロマンティックで、若き日の傑作「ピアノソナタ第八番《悲愴》」の第二楽章に酷似しています。深い精神性が込められたこの第三楽章こそ「第九」の白眉と言う人も少なくありません。この楽章をもって曲を閉じればよかったと言う極端な人もいるほど、第三楽章は素晴らしい。しかしベートーヴェンは甘い世界に浸って逃避するような男ではありません。この楽章の終わり近くに、まどろむベートーヴェンを目覚めさせるかのように金管楽器が轟きます。束《つか》の間《ま》の甘い夢から覚めた彼は再び立ち上がるのです。

そして迎えた最終の第四楽章、冒頭でいきなり嵐のような激しい音楽が吹き荒れます。まさしく第三楽章の甘い夢を吹き飛ばす嵐です。そして低弦楽器によるレチタティーヴォが奏されます。レチタティーヴォというのはモーツァルト「魔笛」のところで説明したように、そもそもはオペラなどで使われるメロディーのついたセリフですが、器楽だけで演奏されるメロディーもレチタティーヴォと呼ばれます。だからこの部分は、チェロとコントラバスが語っているかのように聴こえます。

レチタティーヴォがいったん途切れて、突如、第一楽章の宇宙の混沌を思わせる旋律が現れます。しかしすぐにレチタティーヴォで打ち消されます。次に第二楽章の闘争の旋律が現れますが、これもすぐにレチタティーヴォで打ち消されます。そして第三楽章の旋律が現れます。今度は前の二つの楽章のように、すぐには打ち消されません。優しく慰撫するような美しいメロディーがしばし支配します。その途中、遠くに「歓喜の歌」の旋律が聞こえますが、すぐにまた第三楽章の甘い音楽に掻き消されます。この部分を聴いていると、ベートーヴェンの心情が切ないまでに伝わってきます。彼はこの甘い世界にずっととどまっていたいのです。「歓喜」を目指すために戦うのではなく、いつまでもこの夢の世界で眠っていたいのです。

しかし、ベートーヴェンはその未練を断《た》ち切ります。何かの決意のように、二つの力強い和音が第三楽章の旋律を否定します。

そしていよいよ有名な「歓喜の歌」の旋律がピアニッシモ（さらに弱く）で静かに奏されます。同じ旋律を繰り返し、次第に楽器が増えて音量も増していきます。そして再び嵐のような音楽が吹き荒れ、すべての音楽が鳴り止んだあと、バス（男性の低音）歌手が

「おお、友よ、このような音ではない」と歌います。その旋律はこれまでに繰り返されたレチタティーヴォの旋律です。そして歌詞はベートーヴェン自身が書いたものです。つまり彼はここに至るすべての音楽（第一楽章から第三楽章まで）を否定したのです。歌詞はこう続きます。「われわれはもっと楽しい歌を欲しているのだ」と。その時、私たちはそれまで低弦楽器で奏されていたレチタティーヴォが実はその言葉を語っていたのだと知ります。

この構成を「やりすぎ」「わざとらしい」と非難する人もいます。まるで音楽をドラマのような作りにしている、と。しかし私は交響曲をこれほど有機的に構成したベートーヴェンの天才に唖然とします。これまで誰も音楽の世界でこういうことを行なった人はいません。ベートーヴェンの語った言葉に、「美のために破ってはならない規則はない」というものがありますが、彼は真理と美のためにはあらゆることをした芸術家なのです。二〇〇年近くも前に、こういう音楽を作ったベートーヴェンは本当に凄いと思います。

さて、音楽はいよいよ「歓喜の歌」へと続きます。この歌詞はシラーの作った頌詩《しょうし》「歓喜に寄す」です。ベートーヴェンがこの詩に音楽をつけようと考えたのは二十代の頃と言われていますが、若き日の思いを最晩年に遂げたことになります。この歌は一般に

「人々が手を取り合って歓喜の歌を歌おう」という明るい朗らかな歌のように思われていますが、そんなボーイスカウト的な軽い歌ではけっしてありません。詩の中にははっきりと、「友を得た者、優しい妻を得た者は、歓呼の声を上げよ。それを得ることのできなかった者は、涙を流して仲間から離れるがいい」とあります。つまり、愛と友情を得ることのできなかった者は立ち去れ！　と宣言しているのです。今時の若者たちの甘い孤独、引き籠もり的なものなどは全否定しています。人々の真の連帯、愛と友情の理想を歌ったものなのです。これは聴力を失った晩年のベートーヴェンの魂の叫びでもありました。

そして最後は「抱き合え、百万の人々よ」と合唱で歌われ、壮大なオーケストラで締めくくられます。全曲演奏すると一時間を優に超える巨大な曲で、過去これほど長大な交響曲を作った者は誰もいませんでした。また交響曲に四人の歌手（ソプラノ、アルト、テノール、バリトン）、さらに合唱団まで加わった空前の曲です。

生涯最高の成功を得て

「第九」の初演は一八二四年、すでに完全に聴力を失っていたベートーヴェンが指揮しましたが、楽団員たちはベートーヴェンの横に立つ副指揮者を見ながら演奏しました。演奏が終わって観衆は大感動して割れんばかりの拍手を送りましたが、ベートーヴェンには聞こえず、アルト歌手が彼の手を取って、観客席に振り向かせました。その時、聴衆が盛大に拍手をしている光景を見た彼は喜びのあまり気を失いかけます。これは彼の生涯最高の成功でした。私は、この初演の大成功は、音楽の神が苦難の生涯を送ったベートーヴェンの最後に与えた贈り物であったと思います。

その証拠に、初演以後、この曲の演奏はことごとく失敗します。当時のオーケストラや合唱団の技術では、「第九」を完全に演奏することは不可能だったからです。そのため、いつしか同時代の聴衆には「巨匠が晩年に作った謎の大曲」と思われ、ベートーヴェンの死後は演奏もほとんどされなくなりました。

「第九」の真価がはじめて世に知られることになったのは、ベートーヴェンが亡くなっておよそ二〇年後、リヒャルト・ヴァーグナーによるドレスデンでの演奏によってです。ヴァーグナーは関係者たちの反対を押し切って「第九」をプログラムに載せ、凄まじいリハーサルを繰り返して見事な演奏をしました。この時、聴衆ははじめて、ベートーヴェンの「第九」の凄さを知り、これ以後、この曲はヨーロッパを制覇することになります。

フルトヴェングラーが振った「バイロイトの第九」

「第九」の名演は星の数ほどあります。いや、これほどの曲なら、どんな演奏をしても感動がありますが、あえて名演をいくつか挙げるならば、まずフルトヴェングラーの演奏です。十数種類残っている彼の「第九」（すべてライブ録音）はいずれも素晴らしい演奏ですが、伝説的名盤とも言える「バイロイト盤」は避けて通れないでしょう。これは、「バイロイトの第九」と呼ばれる、バイロイト祝祭管弦楽団の一九五一年の演奏（七〇年前！）ですが、この録音の価値はけっして消えるものではありません。

ヴァーグナーの楽劇だけを演奏するバイロイト音楽祭は戦後しばらくの間、連合国軍によって禁止されていましたが、一九五一年に再開されました。「バイロイトの第九」は、その再開を祝したオープニングコンサートにフルトヴェングラーが振った時のものです。演奏はこれ以上はないと言えるほど劇的で感動的です。一度でもこのCDを耳にすれば、圧倒的な音のドラマに打ちのめされるでしょう。

ライブだけに演奏にはミスがいくつもあります。今時の指揮者なら絶対にやらない極端なアッチェレランド（だんだん速く）、リタルダンド（だんだん遅く）を多用し、時には異常とも思えるテンポを取ります。終楽章のコーダではオーケストラが演奏不可能なスピードで駆け抜けていきます。この演奏を「傷だらけ」「アマチュア的」「古臭い」と非難する、したり顔のクラシックファンがたまにいますが、貧弱な心の持ち主と言わざるを得ません。この演奏は今時の優等生的な演奏をはるかに超えた、まさに一期一会の超絶的演奏なのです。この演奏に心動かされない人は、クラシック音楽など聴く理由もないでしょう。

ちなみにマニアックな話になりますが、二〇〇七年に突然、一九五一年のバイロイトのもう一つの録音が現れ、これまでの演奏はゲネプロ（ゲネラルプローベの略称。本番さながらに演奏される通しリハーサル）録音ではないかという説が浮上しました。これについては多くの研究者やマニアがさまざまな意見を述べていますが、決定的な結論はまだ出ていません。しかし、いずれにせよこれまで私たちが聴いていた「バイロイトの第九」は本番とゲネプロのハイブリッド録音であることは確かとなりました。とはいえ、「バイロイトの第九」の価値や感動が減るものではありません。

「バイロイトの第九」が圧倒的に有名ですが、実はヴィーン・フィルハーモニー管弦楽団を振った一九五二年と一九五三年の録音は「バイロイト盤」に優るとも劣りません。特に一九五二年盤は個人的にはフルトヴェングラーの最高峰と思っています。

しかしながらフルトヴェングラーの「第九」には実はもう一つ凄いものがあります。戦争中の一九四二年にベルリンでベルリン・フィルハーモニー管弦楽団を指揮したものです。これは「鬼気迫る」という表現さえも生ぬるく思えるほどの凄絶きわまりない演奏です。ただし音質は恐ろしく悪い。

音のいい新しい録音だと、ヘルベルト・フォン・カラヤン指揮ベルリン・フィルハーモニー管弦楽団他（一九七七年）、クラウス・テンシュテット指揮ロンドン・フィルハーモニー管弦楽団他（一九八五年）が見事な演奏です。

ゲオルク・ショルティ指揮シカゴ交響楽団（一九七二年）の演奏は実に豪快で力強い演奏。オーケストラも合唱も最高級レベルの名演です。

バッハ「ゴルトベルク変奏曲」

不眠に効果あり⁉　バッハ鍵盤音楽の最高峰

作曲家の実力は、編曲能力でわかる

バッハ（一六八五―一七五〇）の鍵盤音楽は「平均律クラヴィーア曲集」をはじめ、どれも傑作ばかりですが、その最高峰は「ゴルトベルク変奏曲」でしょう。もともとはチェンバロのために書かれたこの曲はダ・カーポを入れると一時間を軽く超える長大なものですが、クラシックファンには大変な人気曲で、今なお毎年、新人ベテランを問わず多くのピアニストやチェンバリストが新しい録音を出しています。

変奏曲というのは、簡単に言えば「主題をアレンジ（編曲）した曲」で、実はこの編曲能力こそが作曲家の真の力を測れるものと言っても過言ではありません。若きベートーヴ

エンがモーツァルトの口ずさんだ主題を即座にピアノで変奏して驚かせたという有名な伝説があります。「ゴルトベルク変奏曲」は主題と三〇の変奏曲からなりますが、バッハの変奏はかなり大胆なもので、はじめて聴くと、主題のメロディーは第一変奏からほとんど聴き取れません。実はバスの主題（低音部）を残して、あとは自由闊達《じゆうかったつ》と言っていいほどに大胆な変奏を繰り広げているからです。

バッハは古今随一の対位法作曲家で、かつ同時代に並ぶ者のない鍵盤奏者でしたが、この曲ではその能力のすべてを注ぎ込んでいます。対位法とは、異なる二つ以上のメロディー（声部）が同時に進行する音楽です。バッハの鍵盤曲の場合は三つないし四つの異なる声部が同時に進行します。

主題のアリアは優しく語りかけるような曲です。疲れた心に染み入るような、今風の言い方をすればヒーリングの音楽です。それが第一変奏でいきなり躍動するような曲となります。続く第二変奏では、再び瞑想する曲となります。そして第三変奏ではユニゾン（並行した同じ音）のカノンとなります。

カノンというのは厳格なフーガで、まったく同じメロディーが遅れて追いかける曲です。ちなみに第六、第九、第一二、第一五、第一八、第二一、第二四、第二七変奏、つまり三の倍数の変奏曲ではすべてカノンになっているのですが、第六変奏では二度、第九変奏では三度、第一二変奏では四度という具合に、追いかけるメロディーが一度ずつ最初のメロディーと開いていきます。だから第二四変奏ではオクターブ離れたカノンになります。また第一五変奏の五度のカノンは「反行《はんこう》カノン」となっていて、これは五度離れて追いかけるメロディーが最初のメロディーを後ろから演奏した形になっています。

これらのカノンを聴いているだけで、バッハの恐ろしいまでの天才ぶりがわかりますが、それ以外の変奏曲もため息が漏《も》れるほど素晴らしい。一見平凡とも思える主題のアリアが、万華鏡のようにさまざまに変化していく様子は、音楽の持つ無限の可能性を見せられているようです。「インヴェンション」「シンフォニア」「フゲッタ」「フランス風序曲」「トリオ・ソナタ」、さらに多くの舞曲があり、ここにはバッハの鍵盤音楽のすべてがあります。その中には曲芸的な技巧を要する曲もあり、バッハ自身が類い稀なテクニックの持ち主であったことが窺えます。

この偉大な曲がいかに精緻《せいち》に作られているか、一つ一つの変奏曲に使われている技法がいかに驚くべきものであるかについては詳しく語りたい部分ではありますが、かなり専門的な話になるので省略します。

ただ、一つだけ書かせていただきたいことがあります。それは最後の第三〇変奏です。これは「クォドリベ（クォドリベット）」と記されています。クォドリベとはラテン語で「お好きなように」を意味する言葉ですが、バッハの時代に流行った音楽の遊びで、複数人がそれぞれ異なる歌を同時に歌うというものです。音楽一家のバッハ家では家族でよく行なわれていたということですが、彼は「ゴルトベルク変奏曲」の最後を飾る変奏曲で、この遊びを取り入れたのです。使われたのは当時の俗謡「長らくご無沙汰しましたが」と「キャベツとカブがおいらを追い出した」です。

私はこの二つの歌を録音したCDを持っていますが、もとのアリアとは似ても似つかない曲です。ところがバッハはこの二つの歌を組み合わせて見事な変奏曲にしています。しかもわずか一八小節の中に、時にカノンになり、時にフーガになり、バス主題と合わせて四声部で演奏されるのです。まさしくバッハの対位法の完成された姿です。

しかも俗謡のタイトルをよく見ると、そこにもバッハの遊び心が満載されているのがわかります。「長らくご無沙汰しましたが」という歌詞は、このあとに戻ってくるアリアを連想させていますし、「キャベツとカブがおいらを追い出した」という歌詞も、三〇曲の変奏曲で追われたアリアの気持ちを代弁しているかのようです。

不眠に悩まされていた伯爵

私は「ゴルトベルク変奏曲」を偏愛していて、手元にはCDが一〇〇種類以上あります。チェンバロ演奏とピアノ演奏の他に、ギター、アコーディオン、シンセサイザーによるもの、さらに弦楽合奏、金管合奏など、実に多くの演奏があります。もともとチェンバロ曲であったものがここまで多くの楽器にアレンジされている曲は他にはありません。つまりそれだけ「ゴルトベルク変奏曲」の中には作曲家や演奏家を刺激して止《や》まないものがあるのです。

この曲の成立と名前には有名な伝説があります。それは不眠に悩まされていたカイザーリンク伯爵が、眠れぬ夜を過ごすためにバッハに依頼してできたというものです。伯爵にはゴルトベルクというお抱えのチェンバリストがいて、伯爵は毎晩、「ゴルトベルクや、今夜も私の変奏曲を弾いておくれ」と頼み、それを鑑賞したということから、その名がつけられたと言われています。カイザーリンク伯爵もゴルトベルクも実在の人物ですが、この話は実話ではないとされています。

余談ですが、私は五六歳の時に生まれてはじめて全身麻酔による手術を経験しました。

この時、手術室で聴いた曲は「ゴルトベルク変奏曲」の弦楽三重奏による演奏のCDでした。麻酔医に「手術中は好きな曲をかけていいですよ」と言われ、私自身が用意したのがこのCDだったというわけです。もっとも耳にしていたのはアリアと最初の変奏曲だけで、麻酔液が注入されてからはいっさい記憶がありません。全身麻酔による死亡例は約二〇万件に一件と説明を受けていましたが、麻酔液が腕から入ってくるのを感じながら、この曲を聴きながらあの世に旅立てるなら、それでもいいかと思ったのを覚えています。

余談ついでにもう一つ、私が二十代の終わりにはじめて書いた小説『錨を上げよ』(幻冬舎文庫)は、「ゴルトベルク変奏曲」を小説の世界で描いてみたいという思いで書いたものです。全章は合わせて三二章、これは「ゴルトベルク変奏曲」のアリアと三〇の変奏曲と最後に対応しています。そして主人公の何度も同じ失敗と挫折を繰り返す生き様は、まさしく変奏曲なのです。『作田又三の冒険』と名づけたこの小説を二九歳から三一歳の時に、何かに取り憑かれたように書きました。当時はパソコンもなく、原稿用紙に鉛筆で書きました。二年かかって書き終えた時は五〇枚綴りの原稿用紙が四五冊になっていました。総枚数二〇〇〇枚を優に超える原稿を前にして、我に返って茫然としたのを覚えています。

もちろんこんな小説が本になるわけもありません。私は原稿を屋根裏に放り込んで、それから二〇年近く小説は書きませんでした。次に小説を書いたのは五〇歳を目前にした時でした。その作品『永遠の0《ゼロ》』(講談社文庫)が幸運にも出版でき、その後、小説家として一応の成功を収めたことで、二〇年前の原稿を世に出すことができました。タイトルは『錨を上げよ』に変え、二〇一〇年に出版し、翌年の本屋大賞で第四位に選出されました。

実は私は自分の最高傑作は『錨を上げよ』だと思っています。『永遠の0』も『海賊とよばれた男』(講談社文庫)も『影法師』(同)も『モンスター』(幻冬舎文庫)も『ボックス!』(講談社文庫)も『風の中のマリア』(同)もすべて愛着のある作品ですが、『錨を上げよ』に込められた熱量はそれらの作品の比ではありません。しかも『錨を上げよ』は私の唯一の純文学です。

余談が長くなりましたが、私が「ゴルトベルク変奏曲」を熱く語る理由の一つがわかっていただけたでしょうか。

私が手術室で聴いた名盤

さて、これほどの名曲ですから、名演奏は星の数ほどありますが、この曲に関する限り、やはりグレン・グールドによる二種類の演奏（一九五五年盤、一九八一年盤）は避けて通れないでしょう。

奇行で知られるこのカナダの天才的ピアニストは一九五五年、それまで一部の愛好者にしか知られていなかった「ゴルトベルク変奏曲」で鮮烈にデビューし、クラシック音楽のレコードとしては異例の大ヒットを記録しました。のみならず、この曲を一躍人気曲にしました。その意味でもこの演奏はレコード史上に残る名盤です。半世紀以上も前の録音でモノラルですが、スタッカートに近いノンレガート奏法をふんだんに用い、しかも超絶技巧で弾かれた演奏は今聴いても一種スポーツ的な快感を覚えます。またグールドは対位法を浮かび上がらせるのが非常に上手いピアニストですが、それがここで見事な効果を上げています。彼は最晩年の一九八一年に同曲を再録音しましたが（これはステレオ）、こちらは徹底的に考え抜かれた演奏で、一部ダ・カーポしています（一九五五年盤はダ・カーポはすべて省略）。

グールドのCDはこの二種のスタジオ録音が圧倒的に有名ですが、私は彼が一九五九年にザルツブルクで弾いたライブ録音がもっとも気に入っています。グールドは「コンサートは死んだ」という言葉を残して公開演奏をしなくなったピアニストとして有名で、後半生はひたすらスタジオに籠もってレコード録音に専心しますが、若い頃はコンサート会場で弾いてもいました。ザルツブルク音楽祭で弾かれたこの時の演奏はまさしく鬼気迫るもので、彼の超絶的なテクニックがスタジオで編集されたものではないということがわかります。

グールド以降、素晴らしい名盤が続々と誕生しましたが、その中からあえて一枚を選ぶとするなら、アンドラーシュ・シフを挙げます。グールドが「ゴルトベルク変奏曲」の面白さを追究した演奏と言うなら、シフは「ゴルトベルク変奏曲」を音楽的に追究したと言えるかもしれません。

もっとも奇妙な演奏は、ヴラディーミル・フェルツマンがモスクワで行なった実況録音です。ここでフェルツマンはすべてのダ・カーポで、編曲とも言える大胆な即興演奏を行なっています。右手と左手を入れ替えて弾いたり、声部を一オクターブずらしたり、まさにやりたい放題ですが、聴いていてこれほど面白い演奏はちょっとありません。

現在、この曲は実に多くの編曲バージョンのCDが作られていますが、その先鞭《せんべん》をつけたのはヴァイオリン奏者のドミトリー・シトコヴェツキーがヴァイオリンとヴィオラとチェロの三重奏に編曲した演奏です。これはシトコヴェツキーがグールドのレコードを聴いて感動して編曲して演奏したもので、「グレン・グールドを偲《しの》んで」という言葉を寄せています。原曲の三ないし四つの声部で織りなす対位法を三つの弦楽器が見事に表現しています。いや、それまで一台のチェンバロやピアノの演奏では聴こえなかった声部までも浮かび上がらせています。この編曲以後、「ゴルトベルク変奏曲」はさまざまな演奏家たちがこぞって編曲するようになりました。その意味で、シトコヴェツキーの演奏（編曲も含めて）もまたモニュメント的な名盤です。ちなみに私が手術室で聴いた演奏はこれである。

シューベルト「交響曲第七番《未完成》」

未完として放置した理由を推理する

未完の曲が多いシューベルト

フランツ・ペーター・シューベルト（一七九七―一八二八）はわずか三一歳の短い生涯の中で六〇〇曲を超えるリート（歌曲）を作り、音楽の教科書などでは「歌曲王」と呼ばれることもあります。しかし、この呼称は大きな誤解を生みます。シューベルトは歌曲の枠にとどまるようなスケールの小さな作曲家ではありません。

二一曲のピアノソナタ、一五曲の弦楽四重奏曲、八曲のオペラ、さらにさまざまな教会音楽や室内楽を作ったマルチ作曲家です。

そしてロマン派以降の作曲家としての最大の仕事とも言える交響曲は七曲を残していま

す。実はベートーヴェン以降ではブルックナーが現れるまで、もっとも多く交響曲を作った作曲家です。ちなみにベートーヴェンが三一歳の時には交響曲は一曲しか書いていません。もしシューベルトがベートーヴェンと同じくらい生きることができたとしたら、夥しい交響曲を書き残した可能性があります。

さて、さきほどシューベルトは七曲の交響曲を残したと書きましたが、これはあくまで完成した数です。この他に未完の交響曲が六曲もあります。実はシューベルトは未完の曲が非常に多い作曲家です。ピアノソナタは一二曲、弦楽四重奏曲は十数曲、この他にも書きかけて途中で中断したままの曲がいくつもあります。これがシューベルトの特徴なのです。彼は典型的な気まぐれな天才肌の芸術家でした。興が乗れば、あるいは素敵な着想が浮かべば、一気呵成《いっきかせい》に五線譜に作曲しますが、その気分が去ると、あるいは着想に飽きると、あとはその仕事を続ける意欲を失ってしまうのです。

私は彼の気持ちがよくわかります。実は私にも大いにそういうところがあるからです。『永遠の0』でデビューした私は、その後、いくつも作品に取りかかりますが、その多くを未完のままで放置しています。ほんの数枚書いただけのものもあれば、二〇〇枚を超えたものもあります。『モンスター』などは九〇%以上完成していながら、内容が気に入らなくて、三年以上そのまま放置していました。なぜかと言うと、出版社と契約して書き始めたものではないからです。つまり書き上げようが書き上げまいが、私の自由に任されたからです。最近は出版社に依頼されて書くので、書き始めて未完のまま放置するということはなくなりました。

モーツァルトも作曲する時は時間をかけずに書きましたが、彼の作曲はほとんどが他人に依頼されてのものだったから基本的に未完はありません（遺作の「レクイエム」は別）。ただそんな彼も、誰にも頼まれずに書いた曲のいくつかは未完で終わっています。天才モーツァルトにしてもそうなのです。一度着想した曲を何ヵ月も何年もかけてひたすら完成に向けて弛《たゆ》まず努力するベートーヴェンのような男は、むしろ特殊なのかもしれません。

話が逸《そ》れましたが、シューベルトの夥しい未完の曲の中でもっとも有名な曲は「交響曲第七番」、その名もズバリ《未完成》です。クラシック音楽で「未完成」と言えば、普通シューベルトの「交響曲第七番」のことを指します。ちなみに彼の交響曲のナンバー表示は時代によって異なっていて混乱するのですが、現代では《未完成》は第七番ということになっています（以前は第八番とされ、現在でも「交響曲第八番《未完成》」として流通しているものもある）。

この曲が発見されたのはシューベルトの死から三七年後の一八六五年です。シューベルトの友人であったヒュッテンブレンナーの蔵書の中から見つかったのです。生前はまったく無名に近かったシューベルトですが、死後何年も経ってからその評価は上がりつつありました。そんな時に四〇年近く眠り続けていた交響曲が突然現れたのですから、音楽界にとっての大ニュースでした。しかも謎めいているのは、それが未完であることです。

普通、交響曲は全部で四楽章ないし五楽章で構成されています。ところが発見された交響曲は第一楽章と第二楽章までしか書かれていませんでした（第三楽章はわずかなスケッチが残っているだけ）。ところが残された第二楽章を演奏してみると、これまで誰も聴いたことがないような素晴らしい曲だったのです。

第一楽章はシューベルトのあらゆる曲の中でももっとも重苦しいメロディーと言ってもいいほどの暗さを持っています。私は、シューベルトは「死」に取り憑かれた男と見ていて、彼のほとんどの曲に「死の影」を見ますが、《未完成》も例外ではありません。

劇的でスケールが大きい曲ですが、そこにはベートーヴェンのような闘争はありません。あえて喩えるなら、抗《あらが》えない運命にひたすら翻弄される曲とでも言えるでしょうか。展開部（主題やモティーフをもとに変化発展させる部分）はまさに絶望の底なし沼に沈んでいくような悲劇性に満ちています。ここにはシューベルト自身の悲痛な叫びのようなものが聴こえます。しかしこの楽章には同時に「天上の歌」とでも呼びたいような美しいメロディーが流れているのです。「抗うことのできない悲痛な運命を象徴するような曲」と「魂を慰撫する天使のような優しい曲」が同居する不思議な曲なのです。かつてこのような交響曲を書いた作曲家は誰一人いません。

なお、この曲が書かれたのは一八二二年、シューベルトが二五歳の時で、ベートーヴェンが「第九」を書く以前です。驚くのはその先進性です。当時、クラシック音楽はまだ古典派の時代であり、たとえば交響曲では長いフレーズは使われることがありませんでした。短いパッセージ（＝経過句：メロディーとメロディーをつなぐ楽句《がっく》）やモティーフを組み合わせていき、全体を構築していくというのが古典派の交響曲のスタイルでした。

つまりシューベルトの息の長いフレーズは明らかに時代を超えていると言えます。シューマンやショパンを先取りしているどころか、ヴァーグナーの時代にさえ迫っています。また音楽が最高潮に盛り上がったところで突然、休止し、次に打って変わったメロディーが流れるところなど、まさにのちのブルックナーが得意とした「ブルックナー休止」を完全に先取りしています。

第二楽章は一見安らぎに満ちた曲にも聴こえますが、けっして心からの安らぎはありません。常に悲劇が背後に控えています。そして最後に、来《きた》るべき悲劇の予感をさせながら静かに終わります。

現代では《未完成》はこの第二楽章までが演奏されます。そして全二楽章の完成された交響曲として、古今の交響曲の中でも高く評価されています。またこの曲はロマン派以後の作曲家に大きな影響を与えました。それまでは交響曲というのは、最終楽章は急速楽章で華々しく終わるというのが常道のスタイルでした。ところが《未完成》は結果として、緩徐楽章で静かに終わり、そこはかとない余韻が聴衆に強い印象を与えることになったのです。以後、こういう終わり方をする曲が増えました。

完成していれば、大曲になっていた

前に述べたように、曲は第三楽章のスケッチをわずかに残しているだけで中断しています。

なぜシューベルトがここで未完のままにしてしまったのかについてはさまざまな説があります。死ぬまでには五年以上の時間があったし、その間に「交響曲第八番《ザ・グレー

ト》」を書いているだけに、死による中断ではありません。ちなみに《ザ・グレート》もとてつもない傑作です。

中断してしまった理由の一つに、第一楽章が四分の三拍子、第二楽章が八分の三拍子なのに、第三楽章も同じ三拍子（四分の三）になってしまったからではないかというものがありますが、これも今一つ説得力に欠けます。「この曲は二楽章で完成されている」と、シューベルト自身が天才的なセンスで判断したことによって、それ以上書かなかったという説はなるほどと思わせるものがありますが、これは後世の勝手な解釈にすぎません。

恋人に捧げようとしていたが、失恋と同時に中断されたというロマンティックな説もありますが、これは一九三三年のドイツ＝オーストリア映画『未完成交響楽』の創作です。

私は、シューベルトはのちに続きを書こうと思ってはいたものの、面倒くさくなってそのままほったらかしにしたと思っています。根拠は、シューベルトはピアノソナタや弦楽四重奏曲でも同じことをしょっちゅうしているからです。ちなみに彼は「交響曲第六番」を書いたあと、《未完成》を書くまでの間に三曲の未完の交響曲を書いています。いずれも中断の理由は不明ですが、私は単に《未完成》の続きを書くのに飽きたからだと思っています。

ひとたび曲想を思いつけば、レストランで食事をしていてもメニューの裏に五線譜を書いて作曲したと伝えられるシューベルトですが、その天才性は両刃《もろは》の剣《つるぎ》でした。つまりいったん創作の熱が下がれば、もう一度同じ情熱を持ってやりかけの仕事に取り組むのが億劫《おっくう》になってしまうという性格を持っていたのです。もちろんこれは私の想像です。しかし間違ってはいないと思います。そうでなければ、あれほど多くの未完の曲があることの説明がつかないからです。

シューベルトは、未完の曲を完成させるよりは、新たに思いついた曲を書くほうを選んだのです。後世の人間から見れば、何とも非効率なやり方に見えますが、あり余る才能を持ったシューベルトにとっては、そっちのほうが楽だったのでしょう。

私にはシューベルトほどの才能はありませんが、その気持ちだけは理解できます。パソコンには書きかけで中断した「未完」の作品がいくつもあるのですが、一度中断した「小説」をもう一度書き継ぐのは面倒くさいという気持ちが先に立つのです。思いついた時は「面白い！」と思えた発想が、時間を置くと、最初の感動と驚きが減じてくるからでもあります。

もっとも私の場合はたぶん本当に「つまらない」のだと思いますが、シューベルトの場合はけっしてそんなことはありません。未完のピアノソナタや弦楽四重奏曲には素晴らしい傑作がいくつもあります。なぜ、この続きを書いてくれなかったのかと思う曲ばかりです。今日では、それらの曲は未完のまま演奏されます。

《未完成》は第二楽章まで演奏すると、二十数分かかります。もし第三楽章と第四楽章が完成されていたなら、大曲となっていたはずです。もしかしたら、彼の最大の曲《ザ・グレート》を超える規模の曲となっていた可能性もあります。ただ、それがどんな曲になったかは永久にわかりません。

悲劇性を極限まで引き出した名演

《未完成》は昔から大人気曲なので、名盤はそれこそ星の数ほどあります。まあ、CDになっている演奏なら何を聴いても間違いはありません。

ヘルベルト・フォン・カラヤン指揮ベルリン・フィルハーモニー管弦楽団、ギュンター・ヴァント指揮北ドイツ放送交響楽団、カール・ベーム指揮ヴィーン・フィルハーモニー管弦楽団、カルロ・マリア・ジュリーニ指揮シカゴ交響楽団の演奏などはいずれも文句のつけようがありません。

録音の悪さを気にしないならば、ヴィルヘルム・フルトヴェングラー指揮ヴィーン・フィルハーモニー管弦楽団の演奏もぜひ聴いてもらいたい。シューベルトの悲劇性を極限までに引き出した演奏です。音はさらに悪いものの、ベルリン・フィルハーモニー管弦楽団を指揮したライブ録音（一九四八年）はいっそう劇的です。

カルロス・クライバー指揮ヴィーン・フィルハーモニー管弦楽団の演奏も凄絶な演奏です。

フォーレ「レクイエム」

ミサ曲でありながら、明るく優しい曲

なぜ「怒りの日」を省《はぶ》いたのか？

「レクイエム」とは、カトリック教会で行なわれる死者の安息を神に願うミサのことですが、音楽の世界では、そこで歌われる聖歌としてのミサ曲をそう呼びます。ラテン語で「安息を」という意味です。

クラシック音楽の世界では、昔から多くの作曲家が素晴らしいレクイエムを書いています。もっとも有名なのはモーツァルトが死の間際に書いたものですが（未完）、ここには彼の他の曲に見られる愉悦や優しさのようなものはどこにもありません。自分のためのレクイエムと思って書いていたという伝説もあるほど、その曲はひたすら暗く陰鬱《いんうつ》です。

オペラ作曲家として知られるヴェルディのものは、壮大なオペラの合唱曲かと思うくらいの華麗な曲です。曲の規模も大きく、全曲を演奏すると一時間を優に超えます。

ブラームスのドイツ語によるレクイエムは、荘厳で重々しい響きに満ちています（レクイエムは本来、ラテン語で歌われるため、この曲は「ドイツ・レクイエム」と呼ばれる）。また「幻想交響曲」で知られるベルリオーズも巨大なレクイエムを書いています。他にもレクイエムを書いた作曲家は多い。私もすべてを聴いたわけではありませんが、ほとんどのレクイエムは深刻で悲しみに彩《いろど》られた曲です。死者を想って歌われる曲だけに、作曲家も厳《おごそ》かな気持ちで作曲に臨むのだと思います。

ところが、今回紹介するガブリエル・フォーレ（一八四五―一九二四）の「レクイエム」は他の作曲家のそれとはまるで雰囲気が異なります。モーツァルト、ヴェルディの曲と共に「三大レクイエム」と呼ばれることもあるほど人気の高い曲ですが、曲の雰囲気はまるで違います。短調ではありますが、けっして暗くはなく、むしろ不思議な明るさがあります。ここには死に対する悲しみや怒りをぶつけるようなところはまったくありません。これはおそらく意図的なものです。というのは、レクイエムの中でもっとも劇的な「怒りの日」が省かれているからです。

ここですこしレクイエムの説明をすると、レクイエムはミサの典礼文《てんれいぶん》に音楽をつけたものですが、作曲家によって選ぶ典礼文が異なります。ただ「怒りの日」はレクイエムを作るほとんどの作曲家が曲をつけます。「怒りの日」の歌詞は、死後の世界において、その人が生きていた時の行動から、神が審判を下すというものです。ちなみに歌詞は以下になります。

「怒りの日　その日こそ怒りの日。この世は灰となるでしょう、ダビデとシビラの証言のように。裁く者がやがて訪れる時に、すべてのことを厳重に正したならば、[人々の]恐れはどれほどのものになるのでしょうか」（小畑恒夫解説、清水敬一監修『ヴェルディ／レクイエム』音楽之友社）

多くの作曲家がこの部分を一つのクライマックスとして曲を構成します。モーツァルトとヴェルディのレクイエムも「怒りの日」の音楽は凄まじい。ヴェルディの「怒りの日」は非常に劇的で、今もパニック映画や恐怖映画の予告編にしばしば使われるほどです。

フォーレは「怒りの日」を省いた理由を語っていませんが、全曲を聴くと、わかるような気がします。なぜなら彼はこの曲で死の悲しみや恐怖を激情的に表そうとはしていないからです。フォーレの「レクイエム」を聴くと、死は必ずしも悲しむべきものではないと歌っているようにも聴こえます。少年合唱団とソプラノ（あるいはボーイソプラノ）で歌われる「サンクトゥス」と「ピエ・イェズ」はロマンティシズムの極致とも言えるほど甘美な美しさに満ちています。続く「アニュス・デイ」もため息が出るほど美しい。

実際、この曲は初演当時から、「死の恐ろしさが描かれていない」という批判にさらされました。フランスの音楽評論家で、フォーレの弟子でもあったヴュイエルモーズは「他人の信仰に敬意を払う不信心者の作品」と評しました。またかつては「怒りの日」を欠くので、カトリックのミサでは使えないものであったことも問題視されています（現在は典礼改正がなされて、そうではない）。

自作に対する非難の声に対して、フォーレ自身が次のような言葉を残しています。

「私の『レクイエム』……は死に対する恐怖感を表現したものではないと言われており、中にはこの曲を死の子守歌と呼んだ人もいた。しかし、私には死はそのように感じられるのであり、それは苦しみと言うよりもむしろ永遠の至福と喜びに満ちた解放感にほかならない」（ジャン＝ミシェル・ネクトゥー著、大谷千正編訳『［新装版］ガブリエル・フォーレ　1845―1924』新評論）

実は私もこの曲からは、敬虔な宗教曲というイメージは感じません。あまりにも優しく温かみに満ちているからです。「死」をテーマにした音楽というよりも、天国の楽園か何かを描いているような音楽に聴こえます。そこには色とりどりの花が咲き乱れ、天使たちの合唱が奏でられている――。しかし、それはいけないことなのでしょうか。私はそうは思いません。

「忘れられる時は必ず来る」

フォーレは教会オルガニストだった前歴から、敬虔なカトリック教徒と思われていますが、そうではなかったとフォーレ自身が認めています。彼は女性関係においてはかなり放《ほう》埒《らつ》な生き方をしました。結婚してからも数々の女性と恋をしています。その中には人妻もいました。五五歳の時には、有名なハープ奏者アルフォンス・アッセルマン（フォーレと同年代）の娘でピアニストのマルグリット・アッセルマンと関係を持ち、生涯の愛人としました。

道徳的な見方をすれば倫理観に乏しい男かもしれませんが、私は芸術家とはそういうものではないだろうかと思っています。情熱的で恋多き男であるからこそ、素晴らしい芸術作品を生み出せるという一面があるのではないでしょうか。モーツァルトもベートーヴェ

ンもリストもヴァーグナーもすべて恋多き男であり、何度も「不倫の愛」を経験していま
す。

逆に言えば、品行方正で、真面目一辺倒の男に、はたして人々の心を震わせるような曲が書けるのだろうかという気がします。唯一の例外はバッハですが、実は彼ほど妻を情熱的に愛した男もちょっといません。彼は二人の妻との間に一一人の息子と九人の娘をもうけています。普通の愛妻家ではちょっと真似のできないことです。またバッハは独身時代には相当大胆に恋愛していたことがわかっています。彼はけっして情熱の乏しい男ではありませんでしたが、おそらく不倫はしなかったのではないかと思います。彼は敬虔なプロテスタントで、倫理観を含むあらゆることに対して鋼鉄のような意思を持っていたからです。

話が逸れましたが、フォーレは女性を愛し、人生を愛した作曲家であると思います。だからこそ、レクイエムにおいても、あれほど美しい曲が書けたのだと思います。

そんなフォーレは晩年、耳疾に悩まされます。高い音がより高く聴こえ、低い音がより低く聴こえるという、音楽家にとっては致命的な症状でした。そのため晩年は、実際に音を聴いて作曲するのではなく、頭の中に音を鳴らして曲を書きました。しかしフォーレ自

身はそのことを周囲に隠していました。彼の息子は、その著者の中で次のように書いています。

「その晩年を通じて、フォーレは自分の疾病を隠そうと努めた。それはまず恥じらいからであり、嘆き悲しむことが心から嫌いであり、自分の糊口の道を失わぬためであった」（フィリップ・フォーレ＝フルミエ著、藤原裕訳『フォーレ・その人と芸術』音楽之友社）

フォーレは耳の病を抱えながら、『フィガロ』紙に一〇年も音楽評論を書き続けました。世間がフォーレの耳のことを知った時、「耳が不自由で、どうして音楽評論などできるのか」と人々は非難しましたが、フォーレは楽譜を見て、頭の中で音楽を鳴らして「聴いて」いたのです。

また、彼はほとんど耳が聞こえなくなって以降も作曲を続けました。それらの曲は不思議な透明感に満ちています。「レクイエム」を聴いてフォーレに興味が湧《わ》いた方は、ぜひ、これら晩年の曲（「ピアノ五重奏曲第二番」「弦楽四重奏曲」「チェロソナタ第一番、二番」など）を聴いてほしい。どの曲も素晴らしい世界を描いています。

フォーレが活躍した時代は、ヴァーグナーの出現によってクラシック音楽がもっとも劇的に進化した時代でした。同時代や後世の作曲家の誰もがヴァーグナーの影響から逃れられませんでした。ある者はヴァーグナーのあとを追い、ある者は意識的にヴァーグナーに背を向けました。しかしフォーレはどちらでもありませんでした。ある意味、折衷的《せっちゅうてき》な音楽と言えます。そのために音楽史的には高い評価が与えられているとは言えません。しかし残された音楽はけっして多くはありませんが、どれも非常に美しい曲です。

フォーレは亡くなる前に息子を呼び寄せ、こう語ったと言われています。

「私がこの世を去ったら、私の作品が言わんとすることに耳を傾けて欲しい。結局、それがすべてだったのだ……。恐らく時間が解決してくれるだろう……。心を悩ましたり、深く悲しんだりしてはいけない。それは、サン＝サーンスや他の人びとにも訪れた運命なのだから……。忘れられる時は必ず来る……。そのようなことは取るに足りないことなのだ。私は出来る限りのことをした……後は神の思し召しに従うまで……」（『［新装版］ガブリエル・フォーレ　1845―1924』）

フォーレの「レクイエム」は四十代の作品ですが、彼の人生を象徴している曲にも思えます。

ミシェル・コルボの最初の録音

この曲も名盤が多い。ミシェル・コルボはこの曲を得意としており、これまでに何度も録音しています。いずれも名演とされていますが、私は一回目のベルン交響楽団他の演奏をお薦めしたい。アンドレ・クリュイタンス指揮パリ音楽院管弦楽団他の演奏も素晴らしい。

他にはフィリップ・ヘレヴェッヘ指揮シャペル・ロワイヤル合唱団やアンサンブル・ミュージック・オブリク他の演奏、ジョン・エリオット・ガーディナー指揮オルケストル・レヴォリューショネル・エ・ロマンティークの演奏も素晴らしい。

ベートーヴェン「ピアノソナタ第三二番」

人類が残した、もっとも偉大な曲

一〇〇年後、二〇〇年後を見据えて

ベートーヴェン（一七七〇―一八二七）は五六年の生涯で、交響曲、協奏曲、ピアノソナタ、弦楽四重奏曲、オペラ、声楽曲、ヴァイオリンソナタなど、あらゆるジャンルの曲を書き、そのすべてに大傑作を残した稀有《けう》な作曲家ですが、彼が生涯にわたって愛し、書き続けたジャンルがピアノソナタです。

もともとベートーヴェンはピアニスト志望でした。生まれ故郷のボンからヴィーンに出てきた一六歳の頃は、素晴らしいテクニックで聴衆たちを熱狂させています。当時はピアニストの公開対決というものがよく行なわれていて、ベートーヴェンはそれにも連戦連

勝、まさに無敵のピアニストでした。

ところが彼は耳疾に襲われます。ピアニストにとっては致命的な病《やまい》です。一時は自殺まで考えますが、不屈の闘志で思いとどまり、以降の人生は作曲家として生きていこうと決意します。現代のポピュラー作曲家たちは印税や著作権料などで、大ヒットすれば大きな収入も約束されていますが、当時は著作権というものもなく、作曲での収入は楽譜出版社から支払われる謝礼のみでした。

ベートーヴェンも作曲だけではとうてい食べていけず、音楽を愛好する貴族たちの後援や、その子弟にピアノを教えたりして糊口を凌いでいました。彼が心血を注いで作った曲も演奏される機会が少なく、演奏会による収入もほとんどありませんでした。これはそのすこし前の時代のモーツァルトも同様です。つまり作曲はほとんど金《かね》にならなかったのです。

にもかかわらず、ベートーヴェンは作曲に向かう時は、命がけで取り組みました。彼は自分の作品は一〇〇年後も二〇〇年後も演奏され続けると信じていたのです。残されたいくつかの言動から、そういう信念で作曲していたのは明らかです。

彼のその考え方は、作曲の仕方にも如実に表れています。ピアニスト時代のベートーヴエンは即興演奏の天才でした。ピアニスト対決ではその場で与えられた主題を即興で自在に展開して広大な世界を表現していくことに長けていました。一六歳ではじめてモーツァルトに会った時、彼を驚かせたのも即興演奏でした。モーツァルトは「あの男はいずれヴィーン中にその名を轟かせるだろう」と友人に語ったと言われています。

ベートーヴェンの即興演奏は残念ながら耳にすることができませんが、それがいかに素晴らしいものであったかは多くの文献に残されています。貴族たちがその演奏を聴き、感動のあまり涙を流すのは珍しいことではありませんでした。

ところが彼はいざピアノソナタを作曲する時には、即興演奏を楽譜にすることはありませんでした。それはなぜか。彼は即興で聴く音楽と、繰り返し聴く音楽は違うものであるという考えを持っていたからです。はじめて聴けばうっとりするメロディーであっても、繰り返し聴けば飽きてしまうということはよくあります。ベートーヴェンはそれを恐れていたのです。

だから彼はピアノソナタを書く時は、書き直しに次ぐ書き直しをしています。何度も何度も彫琢《ちょうたく》を重ね、完全に納得いく形でしか楽譜にしませんでした。すべては一〇〇年後、二〇〇年後の聴衆の厳しい耳を意識してのことでした。二〇〇年以上も前にこんな精神で音楽を書き続けていた男がいたことは驚きを禁じ得ません。

ベートーヴェンの晩年の傑作である「ピアノソナタ第二九番《ハンマークラヴィーア》」は演奏時間四〇分を超える曲ですが、あまりの難曲に同時代のピアニストは誰も弾けませんでした。そのことを告げた友人に、ベートーヴェンが「五〇年もすれば弾けるようになるだろう」と答えたのは有名な話です。

ベートーヴェンのピアノソナタは、彼が作曲家として活動を始めた初期から、中期、そして晩年に至るまでのあらゆる時代を通じて書かれているだけに、彼のすべてが詰まっていると言っても過言ではありません。同時に作曲家としての成長と発展も見ることができます。初期のセンチメンタリズムな作風には、まだハイドン、モーツァルト風の優雅な雰囲気も残っています。しかし中期に入ると、個性が表れ、同時に「運命と格闘する」彼の荒々しい闘争が繰り広げられます。そして晩年には静かな諦観とでも言うべき不思議な世界が描かれます。

またベートーヴェンがピアノソナタを書き続けた時代は、ピアノという楽器が大発展を遂げた時代でもありました。より大きな音を出せるようになり、音域も広がっていきました。だからベートーヴェンのピアノソナタは、ピアノの発達と共に、よりダイナミックになり、同時に表現力も増していきます。彼のピアノソナタはピアノの発達史を耳で聴く趣《おもむき》もあります。

この曲以降、ピアノソナタを書かなかった理由

前置きが長くなりましたが、「天上の音楽」としてベートーヴェン最後のピアノソナタである「ピアノソナタ第三二番」を紹介しましょう。

実はこの曲は私があらゆるクラシック音楽の中でもっとも愛している曲の一つです。笑われるのを承知で書きますが、この曲は人類の残したもっとも偉大な曲ではないかと本気で思っています。

二十代から三十代にかけてピアノソナタでさまざまな世界を描いてきたベートーヴェンは、「ピアノソナタ第二三番《アパショナータ》」でピアノソナタの頂点をきわめました。その後は優しく穏やかなソナタを書きますが、晩年に差しかかった時に、前述の《ハンマークラヴィーア》というとてつもない大曲を書きます。そしてその後に、「第三〇番」「第三一番」「第三二番」の最後の三つのソナタを書きます。この三つのソナタはこれまでどんな作曲家も足を踏み入れたことのない「幽玄の美」とも形容したいような神秘的な世界

が描かれています。「第三〇番」と「第三一番」には、彼のトレードマークでもあった闘争も葛藤もありません（《ハンマークラヴィーア》にはある）。

ところが、最後の「第三二番」では、第一楽章で凄まじい闘争があります。調性は「交響曲第五番《運命》」と同じハ短調で、露骨なまでの対位法が使われ、運命と激しい戦いが繰り広げられます。

しかし次の第二楽章では打って変わって、静かな癒しの音楽となります。この第二楽章こそは、ベートーヴェンが長い作曲家人生で最後に行き着いた世界です。「アリエッタ（小さなアリア）」と名づけられた主題と五つの変奏曲からできています。

主題はハ長調、もっとも明るく優しい調性です。第一楽章のハ短調と対照的な調《ちょう》です。この主題をどう表現すればよいでしょう。優しいなどという言葉ではとても足りません。第一楽章の闘争で疲れはてたベートーヴェンを天使が慰撫するような慈愛に満ちたメロディーです。ここからは申し訳ないが、私の主観のイメージを書かせていただきます。音楽を勝手なイメージで表現することは小説家の悪い癖ですが、お許し願いたい。

第一変奏曲は、まるでベートーヴェンが静かに眠りにつくかのように聴こえます。まどろみの音楽です。メロディーは単純ですが、限りない優しさに満ちています。

第二変奏曲は、彼が夢の中で子供に還《かえ》っていくように見えます。あらゆる不幸が襲いかかり、苦しい人生を送らねばならなかったベートーヴェンは、幸福だった子供時代に還るのです。私はこのあたりでいつも泣きそうになります。

第三変奏曲は、まさに天国の世界が描かれます。子供に還ったベートーヴェンはそこで無邪気に戯《たわむ》れます。何という愉悦、何という朗らかさでしょうか。

第四変奏曲は、まさに幽玄の世界です。そしてこの変奏曲の最後の部分で、私は天使が天上から舞い降りてくる姿を見ます。ここはもう涙なしには聴くことができません。

そして、最後の第五変奏曲です。私はこの変奏曲を聴くと、ゲーテの『ファウスト』の最後の「神秘の合唱」を連想します。過酷な運命に翻弄されながら、生涯にわたって激しい闘争を繰り広げたベートーヴェンの魂が、今ゆっくりと天使たちに誘《いざな》われて、天上の世界へと昇っていく——。自分が大袈裟なことを書いているのは百も承知の上です。しかし私にははっきりとその光景が見えます。

歌詞のない音楽を聴いて涙を流すことは滅多にありません。しかし「ピアノソナタ第三二番」はそんな数少ない曲の一つです。私にとってこの曲は音楽を超えた何かです。

「第三二番」はこの第二楽章で幕を閉じます。自称秘書のアントン・シンドラーに「なぜ

第三楽章を書かないのですか」と訊かれたベートーヴェンが、「時間がなかった」と答えたのは有名な話です。もちろん、これは彼の皮肉です。この曲を聴けば、第二楽章のあとには、もう何の音も必要ではないということがわかるでしょう。

『クラシックを読む1』の「ディアベリ変奏曲」のところでも書いたように、「第三二番」を書いたあと、ベートーヴェンは「ピアノという不完全な楽器は、これからも多くの作曲家を苦しめるだろう」という言葉を残しています。生涯にわたってピアノを愛し、それに全幅の信頼を寄せていたベートーヴェンでしたが、ついにその表現能力が楽器を追い越してしまったのです。

このあとベートーヴェンは五年生きて、「第九」や「ディアベリ変奏曲」、五つの弦楽四重奏曲（第一二～一六番）などの傑作を書きますが、ピアノソナタだけは書こうとはしませんでした。

最高級の感動を味わえる

前述したように私はこの曲を偏愛していて、CDとレコードを合わせて一〇〇枚以上も持っています。枚数などは何の自慢にもなりませんが、それだけ私にとっても特別な曲であるということです。一〇〇枚以上も聴いているだけに、推薦盤を挙げるのにも苦労はしないだろうと思われるかもしれませんが、この曲に関しては当てはまりません。この素晴らしい曲に関して、演奏の巧拙《こうせつ》などはどうでもいいように思うというのが本音です。

しかしそれではあまりにもつっけんどんなので、いくつか私の好きな演奏を挙げます。

マウリツィオ・ポリーニが一九七〇年代に三十代で録音した演奏は、私には天衣無縫の演奏に聴こえます。第一楽章の激しさ、それと対照的な第二楽章の静謐《せいひつ》さ——すべての音が完璧無類に弾かれています。この演奏を「無機的」とか「表情がない」と非難する評論家がたまにいますが、どんな耳を持っているのかと言いたい。これほど感情豊かな演奏はちょっとありません。ポリーニは晩年になって再録音していますが、驚いたことに枯淡《こたん》とはほど遠く、激しくエモーショナルな、むしろ若々しい演奏になっています。

八〇年も前の録音で、音は恐ろしく悪いですが、アルトゥール・シュナーベルの演奏も素晴らしいものです。第二楽章はポリーニに優るとも劣りません。ヴィルヘルム・バックハウスの演奏は淡々とした演奏ですが、感動は深い。フリードリヒ・グルダも何種類か録音がありますが、いずれも最高の演奏です。

他にもヴィルヘルム・ケンプ、アルフレート・ブレンデル、スヴャトスラフ・リヒテル、ルドルフ・ゼルキン、ルドルフ・ブッフビンダー、ジャン・ベルナール・ポミエなど、「至高の演奏」とも言えるＣＤが山のようにあります。要するに、どんな演奏を聴いても、最高級の感動を味わえる曲ということです。

バッハ「マタイ受難曲」

宗教音楽を超えた、普遍的な名曲

純粋の芸術作品と言えるか

バッハ（一六八五―一七五〇）の「マタイ受難曲」について書くにあたっては、図太い神経の私でも緊張せざるを得ません。というのは気軽に書ける曲ではないからです。

かつて吉田秀和《よしだひでかず》氏がこの曲について語ったあまりにも有名な言葉があります。

「もしあらゆるヨーロッパの音楽の中で、ただ一人をとるとしたら、私はJ・S・バッハをとるだろう、また、もし一曲をとれといわれたら、バッハの『マタイ受難曲』をとるだろう」（吉田秀和著『世界の指揮者』ちくま文庫）

日本最高の音楽評論家であり、文学や美術に造詣が深い碩学《せきがく》の言葉だけに、実に重いものがあります。私たちの世代のクラシックファンにとって、吉田秀和氏の本は最高の指南書であり、「評論のバイブル」のようなものでした。もうすこし前の世代の人たちにとっては、小林秀雄氏となるのでしょう。さらに前の世代の人たちにとっては、野村《のむら》あらえびす（胡堂《こどう》）氏でしょうか。

かく言う私も、若い頃は吉田秀和氏の本を貪《むさぼ》り読みました。『クラシックを読む1』にも書きましたが、昔はクラシック音楽のレコードが非常に高価で、おいそれとは買うことができませんでした。また、海外の有名音楽家の演奏会のチケットも気軽に買うことはできません。それで吉田氏の本を読み、まだ見ぬレコードや演奏を夢想したものでした。だから「マタイ受難曲」を実際に耳にする前に、吉田氏の前述の文章も読んでいました。それだけでなく、この曲が西洋音楽の頂点の一つと見做されているということは知識としても知っていました。

「マタイ受難曲」をはじめてレコードで聴いたのは二〇歳の時でした。その後、四〇年近く聴き続けていますが、本当に素晴らしい曲であり、掛け値なしに大傑作であると思います。しかしながら、これをヨーロッパの音楽の頂点と捉えるのは、どうなのかなと思います。というのは、これはイエス・キリストの復活の奇跡を描いた音楽だからです。

この曲は『新約聖書』の「マタイによる福音書」の第二六章と第二七章に音楽をつけたものです。聖書の地の文章は「福音史家《ふくいんしか》」と呼ばれる役の歌手によって歌われ、キリストや弟子たちのセリフはそれぞれの役の歌手によって歌われます。また群衆のセリフは合唱で歌われます。それ以外に、場面に合わせてオリジナルのアリアやコラール（合唱による賛美歌）が挟み込まれています。つまりわかりやすく言えば、「マタイ受難曲」は『新約聖書』の音楽劇なのです。

私がひっかかるのはそこです。ある特定の宗教の理念を表現するための音楽が、人類の普遍的な芸術作品となりうるのかという疑問です。この曲のクライマックスでもっとも感動的な部分は、十字架に架けられて処刑されたイエスが復活するところです。しかしこの部分はキリスト教信者以外に理解してもらえるのでしょうか。キリスト教が広く信じられているヨーロッパ文化圏の人々なら素直に受け入れられる場面でしょうが、仏教徒の多い日本の聴衆にとってはどうなのでしょう。あるいは他の宗教を熱烈に信じている人にとってはどうでしょう。バッハがこれを書いたのは、彼が敬虔なプロテスタントだったからです。彼は自分の仕事（作曲および演奏）は神のための奉仕と考えていました。だからバッハの膨大な作品の大半は宗教曲です。

こんなふうに書くと、百田尚樹は「マタイ受難曲」を否定的に捉えていると見られるかもしれません。実はまるで逆で、バッハの曲の中でももっとも好きな曲なのです。今、「好き」と書きましたが、厄介なことにこの曲は「好き」という表現を容易に許さない厳かな雰囲気を持っています。この曲の演奏そのものが宗教儀式の一つに近いものであるからです。

私が「マタイ受難曲」に惹かれるのは、宗教劇としてではなく、人間ドラマとして捉えているからです。こんな言い方をすればキリスト教の信者から不謹慎の誹《そし》りを受けるかもしれませんが、『新約聖書』のイエスの処刑と復活の場面は、物語として実にドラマティックなのです。

自らの死を悟ったイエスは、苦悩しつつも、その運命を受け入れます。自分が死ぬことで、人類の罪を一身に背負おうと決めたのです。やがてイエスは捕縛され、そこで裁判にかけられ、十字架に磔《はりつけ》にされます。イエスがゴルゴダの丘で息絶えた瞬間、天はにわかに真っ暗になり、恐ろしい雷鳴が轟き、イエスを処刑した民衆たちは「イエスこそ神の子であった」と気づく――。「マタイ受難曲に」に描かれている福音書の第二六章と第二七章を簡単に記すとこういう物語ですが、そこには弟子の裏切り、民衆の憎悪、ローマ提督の苦悩などもあり、読む者を飽きさせません。有名な「最後の晩餐」もこの一連の話の中にあります。私も小説家の端《はし》くれとして言わせてもらえば、ここには凄い人間ドラマがあります。このテキストに偉大なるバッハが音楽をつけたのが「マタイ受難曲」なのです。

他人の作品?

この曲は第一部と第二部に分かれていて、第一部は混声二部合唱によるコラールから始まります。途中から少年合唱団も加わり、見事なまでの壮大な音楽となります。演奏時間が一〇分前後もあるこの長大な合唱曲は、バッハの作った数あるコラールの中でも最高傑作と呼ぶにふさわしい。とてつもないドラマの始まりと悲劇を予言し、同時に希望と奇跡を暗示しています。

第一部は、宗教家の長老たちがイエスを捕《つか》まえて殺してしまおうと相談しているところから始まります。この時、長老たちが合唱で「民衆が騒ぐから、祭りの間はやめよう」と歌いますが、これが実に怖い。バッハというのは、実はこういう劇的な表現が抜群に上手い作曲家です。こうしてイエスが捕縛されるまでのドラマが展開しますが、随所に美しいアリアやコラールが入ります。こんな言い方は誤解を招きますが、すべてがぞくぞくするような名曲です。第一部の演奏時間は約一時間二〇分です。

第二部では、イエスの裁判から処刑、そして復活までが描かれます。ここにも名曲がいくつもありますが、もっとも有名なのは「ペテロの否認」の場面のあとに歌われるアリアです。実はここには伏線があって、第一部で、イエスは弟子たちにこう語る場面があります。

「今夜、お前たちは私に躓《つまず》くだろう（ついて来られないだろう）」

この時、十二使徒の一人であるペテロは「たとえ、皆が躓いても、私は躓かない」と言いますが、イエスはこれに対して「あなたは今夜、鶏が鳴く前に三度私を否《いな》むだろう」と言います。するとペテロは「たとえあなたと共に死ぬことになっても、あなたを否むことはない」と答えます。しかしイエスが捕吏《ほり》たちに捕まった時、ペテロを含む弟子たちは皆、イエスを捨てて逃げました——。

その後、イエスの裁判の様子を遠くから窺っていたペテロは、群衆の一人から「お前はイエスの仲間じゃないのか」と言われます。捕まることを恐れた彼は「違う」と答えます。続いて二人の者に同じように言われますが、ペテロはいずれも否認します。その直後、鶏が鳴き、ペテロはイエスの言葉を思い出して、さめざめと泣くのです。

ここで歌われる「憐《あわ》れみたまえ、わが神よ」というアルト（女性低音）のアリアは、聴く者の胸を抉ります。かの吉田秀和氏は「この曲を聴いて、涙がこぼれない人は音楽を聴く資格がない」と書きました。さすがに私はそこまでは思いませんが、吉田氏の気持ちはわかりすぎるくらいわかります。独奏ヴァイオリンとアルトで奏でられる哀切きわまりない歌を聴いて、ペテロの悔恨と悲しみを感じない者はいないでしょう。なぜならペテロの弱さは自分たちの弱さであるからです。実は私が「マタイ受難曲」に惹かれるのは、そこに「人間の弱さ」が描かれているからです。その意味で、この曲は単に宗教音楽を超えた普遍的名曲であると思っています。

その他も名曲や名場面の連続ですが、終曲のコラールは冒頭のコラールにも優るとも劣らない荘厳さです。もちろん途中で歌われるコラールも名曲ばかりです。

ところが驚いたことに実はこれらのコラールの原曲は多くは他人の作品なのです。それをバッハが巧みに編曲して、原曲とはまるで違う曲に仕上げているのです。もっとも有名なのは第二一、第二三、第五三、第六三、第七二曲で五回も使われているコラールです。これは「マタイ受難曲」の中でも最高に感動的なコラールで、それゆえにバッハも五回も使ったに違いありません。すべて編曲が違い、五回目の第七二曲のコラールはとてつもない高みへと達しています。これも原曲はハンス・レオ・ハスラーという作曲家が作った曲で、驚くなかれ恋愛の歌なのです。しかしバッハはその曲の中に宗教的な何かを見て取ったに違いありません。実際、このコラールを聴いて、恋の歌を連想する人はいないでしょう。まさしく魂を震わせる敬虔な響きに満ちています。

リヒターの凄絶な演奏

『クラシックを読む1』にも書いたように、私は「決定盤」趣味はありません。名曲は誰が演奏しようと名曲であると思っているからです。CDに録音するほどの一流の音楽家なら、どの演奏も優れたものだと断言できる。あとは個人的な好き嫌いでしかない。だから個人的な好悪を人に押しつける気はない。ですからここに挙げている推薦盤もあくまで参考にしてもらえればという気持ちで挙げています。

しかし「マタイ受難曲」に関しては、あえてその禁を犯して、読者の皆さんにあるCDを強くお薦めしたい。それはカール・リヒターがミュンヘン・バッハ管弦楽団を指揮した演奏です（一九五八年録音）。バッハ演奏に生涯を捧げたとも言えるリヒターが三一歳の時に録音したものですが、これは凄絶な演奏です。

冒頭のコラールから聴く者の心にぐいぐい迫ってきます。オーケストラ（リヒターが創設した楽団）も合唱もとにかく凄い。力強く、劇的で、イエスの悲劇と真実、そして彼を取り巻く人々のドラマをとことん抉りだそうとした演奏です。さらに福音史家のエルンスト・ヘフリガーの歌唱が鬼気迫ります。まさに福音書を書いた本人が乗り移ったのではないかというほどの、真に迫った歌唱です。

イエスの復活を知った人々が「まことに彼は神の子であった」と歌う合唱の素晴らしさは、私にはもう表現する言葉を持ちません。私は「マタイ受難曲」のCDを二〇セット以上持っていて、実演も四回聴いていますが、わずか二小節のこの部分でリヒターを超えた演奏を聴いたことがありません。現代ではバッハは同時代の楽器と演奏法でやるのが正しいという意見が主流ですが、いったい誰が決めたのだと言いたい。そんなものはタイムマシンに乗ってバッハの時代でやればいいのです。音楽の真実に近づくのに、ピリオド楽器も現代楽器もありません。空前絶後とも言えるリヒターの演奏はまさしく時代を超えて残る名演奏だと断言します。

とは言え、これほどの名曲であるから、リヒター盤以外にも名盤は目白押しです。トン・コープマン指揮アムステルダム・バロック管弦楽団の演奏、グスタフ・レオンハルト指揮ラ・プティット・バンドの演奏も文句のつけようがないほど素晴らしい。

他には、鈴木雅明《すずきまさあき》指揮バッハ・コレギウム・ジャパンの演奏がいい。実は私は三〇年前以上前、彼の演奏会に行ったのですが、遅刻してしまい、冒頭のコラールを聴き逃してしまった苦い思い出があります。そのあとの演奏が最高に素晴らしかっただけに、ずっと心残りでした。しかし一〇年前、川崎《かわさき》で再び聴くことができた。もちろん今度は遅刻をせずに全曲を堪能しました。

※❶～❸は登場する巻数

1900　　　　2000	
	ヴィヴァルディ (1678～1741)
ゴルトベルク変奏曲❷	**バッハ** (1685～1750)
	ヘンデル (1685～1759)
94番《驚愕》❷	**ハイドン** (1732～1809)
❸ 第20番❶、ピアノ協奏曲第24番❸ 婚❷ 第1番❷、魔笛❷、 第27番❸、レクイエム❸ ァンニ❶	**モーツァルト** (1756～1791)
ノソナタ第8番《悲愴》❸ 曲第3番《英雄》❷ ノソナタ第23番《熱情》❶ 曲第7番❸、交響曲第8番❷ ノソナタ第32番❷ アベリ変奏曲❶ 弦楽四重奏曲❸ 曲第9番《合唱付》❷ ノ協奏曲第5番《皇帝》❸ 曲第6番《田園》❷ 曲第5番《運命》❸ イオリン協奏曲❷、 四重奏曲第7番、8番、9番❷	**ベートーヴェン** (1770～1827)
– 24の奇想曲❶	**パガニーニ** (1782～1840)
——— 序曲集❷	**ロッシーニ** (1792～1868)

本書に登場する音楽家と楽曲①

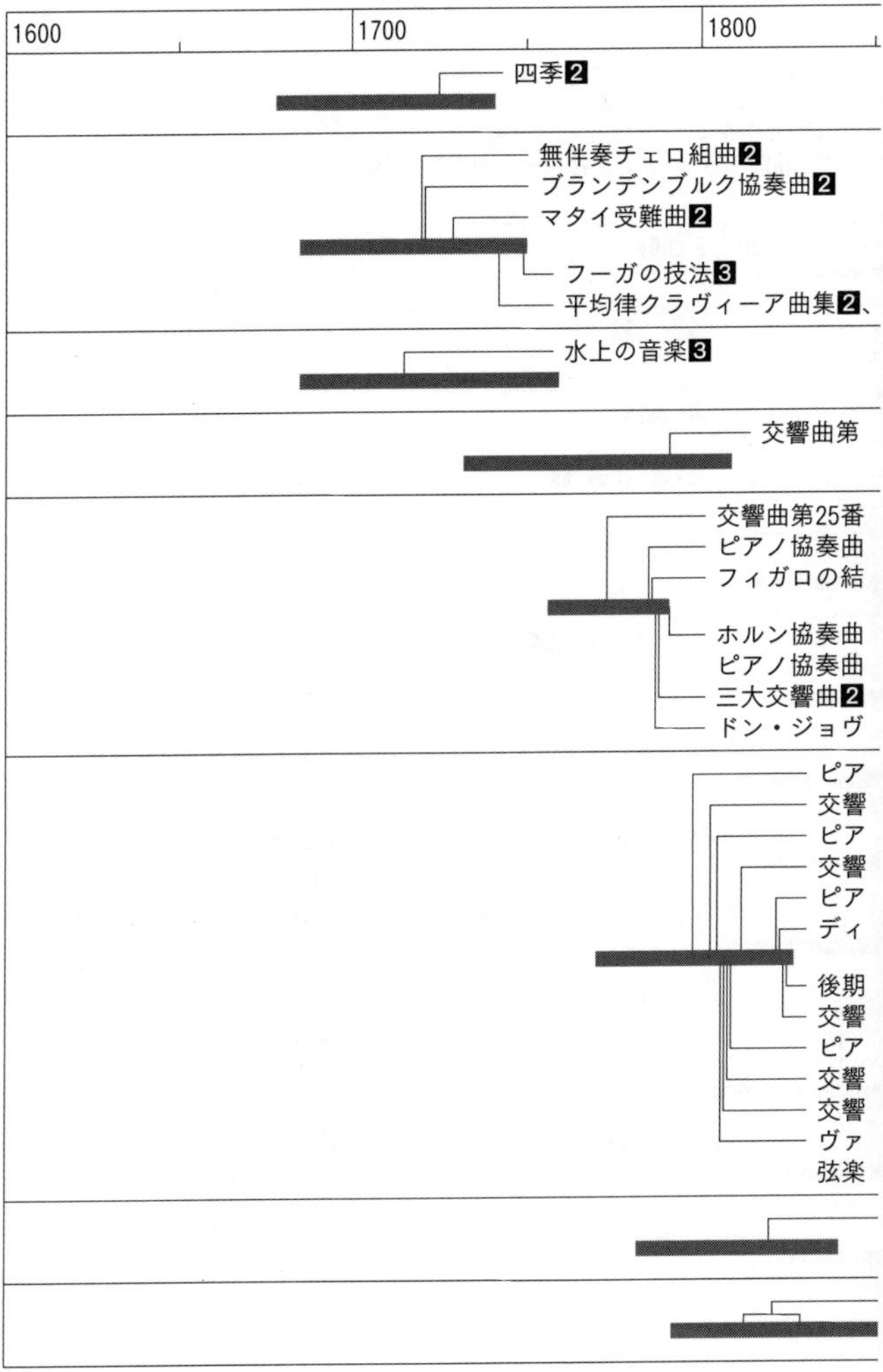

1600
1700
1800
四季❷
無伴奏チェロ組曲❷
ブランデンブルク協奏曲❷
マタイ受難曲❷
フーガの技法❸
平均律クラヴィーア曲集❷、
水上の音楽❸
交響曲第
交響曲第25番
ピアノ協奏曲
フィガロの結
ホルン協奏曲
ピアノ協奏曲
三大交響曲❷
ドン・ジョヴ
ピア
交響
ピア
交響
ピア
ディ
後期
交響
ピア
交響
交響
ヴァ
弦楽

※❶〜❸は登場する巻数

1900　2000	
魔王❸ 交響曲第7番《未完成》❷ 弦楽四重奏曲第14番《死と乙女》❸ 幻想曲❶、ピアノソナタ第19〜21番《遺作》❸	**シューベルト** (1797〜1828)
幻想交響曲❶	**ベルリオーズ** (1803〜1869)
ヴァイオリン協奏曲❷	**メンデルスゾーン** (1809〜1847)
ピアノ協奏曲第1番❶ 12の練習曲❸ ピアノソナタ第2番《葬送》❶	**ショパン** (1810〜1849)
ピアノソナタ ロ短調❶	**リスト** (1811〜1886)
ヴァルキューレ❸ トリスタンとイゾルデ❶	**ヴァーグナー** (1813〜1883)
交響曲第8番❷	**ブルックナー** (1824〜1896)
モルダウ❸	**スメタナ** (1824〜1884)
美しき青きドナウ❷	**ヨハン・シュトラウス2世** (1825〜1899)
弦楽六重奏曲第1番❶ 交響曲第1番❸ クラリネット五重奏曲❸	**ブラームス** (1833〜1897)
カルメン❶	**ビゼー** (1838〜1875)
展覧会の絵❶	**ムソルグスキー** (1839〜1881)

本書に登場する音楽家と楽曲②

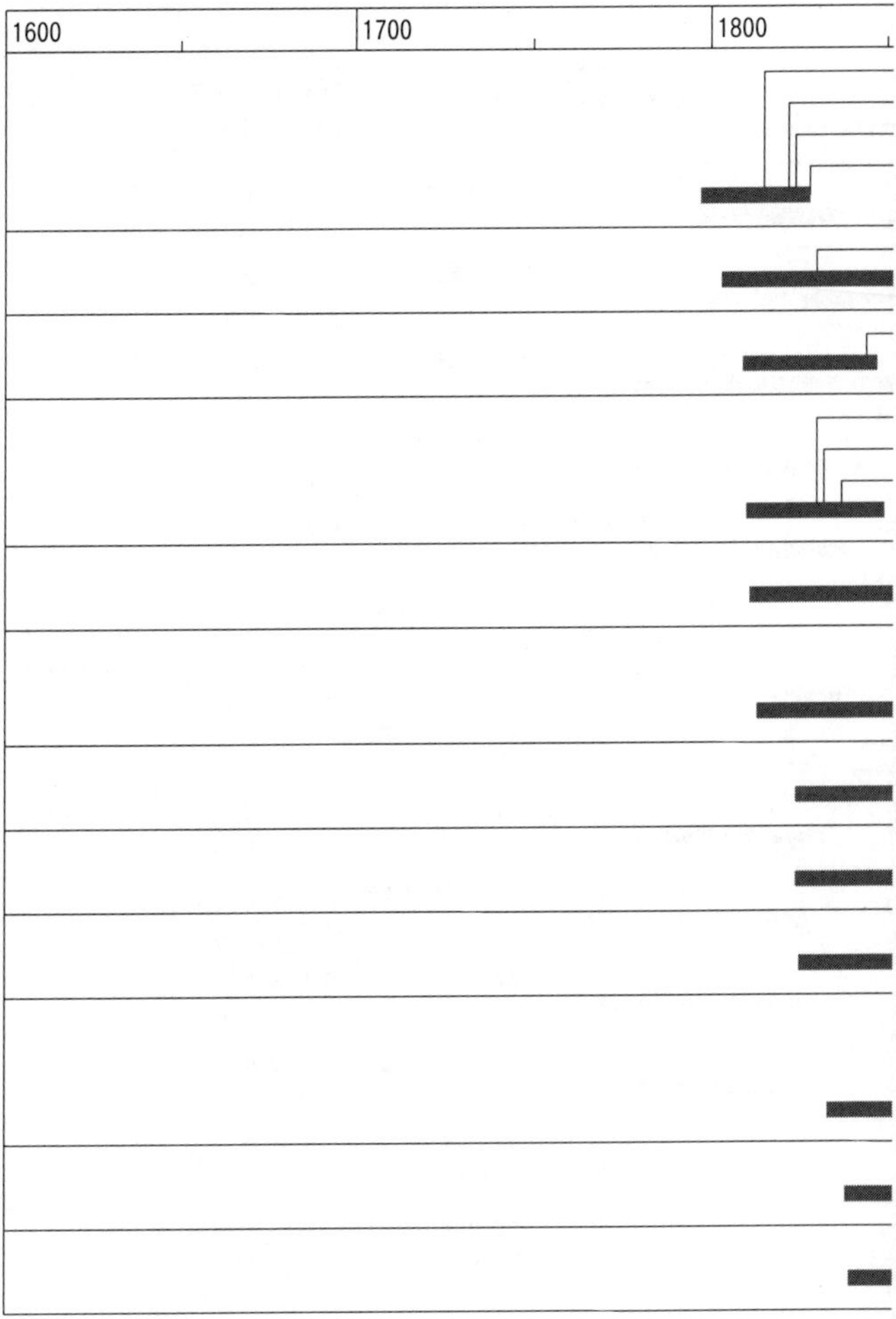

※❶～❸は登場する巻数

1900　2000	
白鳥の湖❶ 交響曲第6番《悲愴》❸	**チャイコフスキー** (1840～1893)
交響曲第9番《新世界より》❸	**ドヴォルジャーク** (1841～1904)
ペール・ギュント❶	**グリーグ** (1843～1907)
レクイエム❷	**フォーレ** (1845～1924)
ラ・ボエーム❶	**プッチーニ** (1858～1924)
牧神の午後への前奏曲❶	**ドビュッシー** (1862～1918)
ツァラトゥストラはかく語りき❸ 英雄の生涯❸ サロメ❶ 四つの最後の歌❸ ばらの騎士❶	**リヒャルト・シュトラウス** (1864～1949)
ラグタイム❷	**ジョプリン** (1868～1917)
ピアノ協奏曲第2番❶	**ラフマニノフ** (1873～1943)
惑星❶	**ホルスト** (1874～1934)
夜のガスパール❶	**ラヴェル** (1875～1937)
春の祭典❶	**ストラヴィンスキー** (1882～1971)
交響曲第5番❸	**ショスタコーヴィチ** (1906～1975)

本書に登場する音楽家と楽曲③

本文デザイン　盛川和洋
本文ＤＴＰ　キャップス
図版作成　篠　宏行
写真　パブリックドメイン

切りとり線

★読者のみなさまにお願い

この本をお読みになって、どんな感想をお持ちでしょうか。祥伝社のホームページから書評をお送りいただけたら、ありがたく存じます。今後の企画の参考にさせていただきます。また、次ページの原稿用紙を切り取り、左記まで郵送していただいても結構です。

お寄せいただいた書評は、ご了解のうえ新聞・雑誌などを通じて紹介させていただくこともあります。採用の場合は、特製図書カードを差しあげます。

なお、ご記入いただいたお名前、ご住所、ご連絡先等は、書評紹介の事前了解、謝礼のお届け以外の目的で利用することはありません。また、それらの情報を6カ月を越えて保管することもありません。

〒101-8701（お手紙は郵便番号だけで届きます）
祥伝社　新書編集部
電話03（3265）2310
祥伝社ブックレビュー　www.shodensha.co.jp/bookreview

★本書の購買動機（媒体名、あるいは○をつけてください）

＿＿＿＿新聞の広告を見て	＿＿＿＿誌の広告を見て	＿＿＿＿の書評を見て	＿＿＿＿の Web を見て	書店で見かけて	知人のすすめで

★100字書評……クラシックを読む2

名前

住所

年齢

職業

百田尚樹　ひゃくた・なおき

1956年、大阪市生まれ。同志社大学中退。放送作家として、「探偵！ナイトスクープ」等の番組構成を手掛ける。2006年に『永遠の0』で作家デビュー。2013年に『海賊とよばれた男』で第10回本屋大賞を受賞。他の著書に『カエルの楽園』『鋼のメンタル』『日本国紀』『百田尚樹の日本国憲法』『百田尚樹の新・相対性理論』『アホか。』など多数。

クラシックを読《よ》む2

生《い》きる喜《よろこ》び

百田尚樹《ひゃくたなおき》

2021年11月10日　初版第１刷発行

発行者……………辻 浩明
発行所……………祥伝社しょうでんしゃ
〒101-8701　東京都千代田区神田神保町3-3
電話　03(3265)2081(販売部)
電話　03(3265)2310(編集部)
電話　03(3265)3622(業務部)
ホームページ　www.shodensha.co.jp

装丁者……………盛川和洋
印刷所……………萩原印刷
製本所……………ナショナル製本

Printed in Japan　ISBN978-4-396-11642-2　C0295

〈祥伝社新書〉
芸術と芸能に触れる

358
芸術とは何か
千住博が答える147の質問
「インターネットは芸術をどう変えたか？」「絵画はどの距離で観るか？」……ほか
日本画家
千住 博

349
あらすじで読むシェイクスピア全作品
「ハムレット」「マクベス」など全40作品と詩作品を収録、解説する
東京大学教授
河合祥一郎

413
思いがけない日本美術史
日本画は、いつも新鮮！ 等伯、仙厓ら12の作品から知る鑑賞のツボ
明治神宮ミュージアム館長
黒田泰三

561
ゆるカワ日本美術史
土偶、埴輪から仏像、絵巻、禅画、近代絵画まで、kawaiiの源流を辿る
跡見学園女子大学教授
矢島 新

599
現代アートをたのしむ
人生を豊かに変える五つの扉《ドア》
「わからない」が「面白い」に変わる、現代アートのガイダンス
作家
原田マハ
キュレーター
高橋瑞木

〈祥伝社新書〉
歴史に学ぶ

545
日本史のミカタ
「こんな見方があったのか。まったく違う日本史に興奮した」林修氏推薦
国際日本文化研究センター所長 井上章一
本郷和人

588
世界史のミカタ
「国家の枠を超えて世界を見る力が身につく」佐藤優氏推奨
井上章一
小説家 佐藤賢一

630
歴史のミカタ
歴史はどのような時に動くのか、歴史は繰り返されるか……など本格対談
井上章一
国際日本文化研究センター教授 磯田道史

351
英国人記者が見た
連合国戦勝史観の虚妄
滞日50年のジャーナリストは、なぜ歴史観を変えたのか。画期的な戦後論の誕生
ジャーナリスト ヘンリー・S・ストークス

578
世界から戦争がなくならない本当の理由
なぜ「過ち」を繰り返すのか。池上流「戦争論」の決定版！
ジャーナリスト 名城大学教授 池上 彰

〈祥伝社新書〉
令和・日本を読み解く

570
資本主義と民主主義の終焉
平成の政治と経済を読み解く
歴史的に未知の領域に入ろうとしている現在の日本。両名の主張に刮目せよ
法政大学教授 水野和夫
法政大学教授 山口二郎

571
三度目の日本
幕末、敗戦、平成を越えて
令和日本はどうあるべきか。多くの著作で予測を的中させた著者の最後の提言
作家・評論家 堺屋太一

541
日本の崩壊
日本政治史と古代ローマ史の泰斗が、この国の未来について語り尽くす
東京大学名誉教授 御厨 貴
東京大学名誉教授 本村凌二

609
日本は戦争に連れてゆかれる
狂人日記2020
2024年に世界恐慌、2030年に第三次世界大戦が私たちを襲う！
評論家 副島隆彦

637
異形の政権
菅義偉の正体
菅政権とは何だったのか——。メディアが報じなかった実像に迫る！
作家・元外務省主任分析官 佐藤 優
山口二郎